Das wüssten Sie wohl gerne!

Michael Reh

DAS WÜSSTEN SIE WOHL GERNE!

BEGEGNUNGEN EINES FOTOGRAFEN MIT LEGENDEN, STARS UND ANDEREN MENSCHEN

CHARLES
VERLAG

Reh, Michael: Das wüssten Sie wohl gerne! Begegnungen eines Fotografen mit Legenden, Stars und anderen Menschen. Hamburg, Charles Verlag 2025
1. Auflage 2025
ISBN: 978-3-910408-06-7

Dieses Buch ist auch als eBook erhältlich und kann über den Handel oder den Verlag bezogen werden.
ePub-eBook: 978-3-910408-07-4

Lektorat Birgit Rentz
Satz: Sarah Schwerdtfeger, Charles Verlag, Hamburg
Umschlaggestaltung: Charles Verlag, Hamburg
Umschlagbild: © Lilo Wanders

Bibliografische Information der Deutschen Nationalbibliothek:
Die Deutsche Nationalbibliothek verzeichnet diese Publikation in der Deutschen Nationalbibliografie; detaillierte bibliografische Daten sind im Internet über https://dnb.d-nb.de abrufbar.

Der Charles Verlag ist ein Imprint der Bedey & Thoms Media GmbH,
Hermannstal 119k, 22119 Hamburg
E-Mail: kontakt@bedey-media.de

https://www.charles-verlag.de
Gedruckt in Deutschland

»Schreib's für dich.«
Lilo Wanders

Für Michael Valenti, den wahren »RAKE«,
a true gentleman and friend.
I love you!

1. EINE NEUE LIEBE IST (NICHT IMMER) WIE EIN NEUES LEBEN! VON MERYL STREEP UND LIZ TAYLOR UND WAS DAS MIT JÜRGEN MARCUS UND MEINER MUTTER ZU TUN HAT.

Vierzig Jahre sind eine lange Zeit, auch wenn sie in der Retrospektive wie im Flug vergangen sind und ich eigentlich erst in der Lebensmitte stehe – zumindest in meinem Kopf.

In diesen Jahrzehnten ist viel passiert! Eine illustre Runde von Menschen, die meinen Weg kreuzten und die aus den unterschiedlichsten Gründen »berühmt« sind oder es waren. Menschen, die mir wichtig sind und es auch bleiben.

Schubladendenken war nie mein Fall.

Ich finde Menschen spannend, mit allen »Ups« und »Downs«. Vor allem bewundere ich Integrität.

Strukturen finde ich interessant, die inneren, die bewussten und unbewussten. Äußere Strukturen sind meistens nur Schubladen, die uns helfen sollen, Dinge einzuordnen, damit wir uns in dieser tollen, aber hoffnungslos überlaufenen und oft komplizierten Welt zurechtfinden. Weiter nichts! Sie sind wie Verkehrsampeln, die in Deutschland befolgt, in New York hingegen meistens ignoriert werden. Nichts ist in Stein gemeißelt, außer den zehn Geboten. Und selbst das ist lange her und wirkt heute manchmal fragwürdig. Gott und Moses? Brennender Dornbusch in der Wüste? Tolles Bild! Aber wir wissen ja, wie das mit der Vergangenheit und der Erinnerung ist. Da verklärt sich einiges, wird hinzugefügt oder aus gesellschaftlichen, religiösen und politischen Gründen verändert, gestrichen oder neu erfunden. Beispiele gibt es zur Genüge, also bleibe ich lieber bei der Wahrheit – soweit ich mich erinnere.

Ich habe meine Magisterarbeit wirklich selbst geschrieben und einen Abschluss der Uni Hamburg als Magister Artium. Ich hebe kaum Dinge auf, aber dieses Zertifikat liegt immer noch in Lilo Wanders' Anwesen in Niedersachsen, meinem »home away from home«. Und zwar in einer alten Holzkiste neben meiner Geburtsurkunde, vergilbten Polaroids und einem Buch mit dem Titel »Wie werde ich wie Verona Feldbusch?«.

Für die wenigen, die das nicht wissen: Ja, Verona Pooth hieß früher »Feldbusch«. Das Buch entdeckte ich während einer gemeinsamen Reise nach Leipzig auf dem Flughafen in Hannover. Eine liebenswerte und lustige Persiflage auf Verona, mit der ich für einige Zeit die Freude hatte zu arbeiten. Als ihr Make-up-Artist. Zu Zeiten von »Blubb«, »Veronas Welt«, »Da werden Sie geholfen!« und »Peep!«.

Als Widmung schrieb sie mir in besagtes Taschenbuch: »Das Reh. Mal springt es hoch, mal springt es weit, warum auch nicht? Es hat ja Zeit.« Weil ich das Buch meiner Schwester schenken wollte, schrieb Verona in weiser Voraussicht darunter: »Wenn du ihn nicht willst, nimm ich ihn!«

Da ist es dann auch wurscht, dass es korrekterweise »nehme« heißt. Denn Verona ist Verona und sich selbst über die Jahrzehnte treu geblieben.

Als Meryl Streep 2012 ihren dritten Oscar für ihre grandiose Darstellung der Margaret Thatcher in dem Film »Die Eiserne Lady« erhielt, sagte sie Folgendes: »Als ich gerade meinen Namen vernahm, hörte ich halb Amerika sagen: ›Also wirklich! Warum? Die schon wieder.‹« Sie lachte. »Wie auch immer!«

Sie dankte ihrem Make-up-Artist und sagte, vermutlich ironisch, dass sie wohl nie wieder auf dieser Bühne stehen würde, um erneut einen Oskar zu bekommen, zog die Augenbraue leicht hoch, weil sie wusste, sie würde ganz bestimmt noch einmal gewinnen, und schloss mit den Worten: »Ich möchte mich vor allen Dingen bei meinen Freunden bedanken, bei den alten, bei den neuen und bei denen, die nicht mehr unter uns sind.«

Darum geht es auch in diesem Buch: um Freunde, um Austausch, um das Miteinander. Was diese Verbindungen ausmacht, ist das gegenseitige emotionale Verständnis, ein Gefühl des Vertrauens und der Lebensfreude.

Nun, ich bin nicht wie Meryl Streep, obwohl ich in New York bei William Esper, Uta Hagen und am Actor Studio drei Jahre Schauspielunterricht genommen habe. Ich war und bin kein Schauspieler. Punkt. Ich war nicht berufen.

Jonathan Larson hatte damals, Anfang der Neunziger, gerade ein Musical namens »RENT« geschrieben und stellte es im East

Village vor. Ein Meilenstein der Musicalgeschichte. Es gibt Momente, da begegnest du wahrem Talent und Können. Natürlich reichte mein Talent nicht für dieses Projekt, aber Jonathan stellte mir einen durchgeknallten Regisseur vor, der mich an Klaus Kinski erinnerte und eine völlig verrückte und talentierte Gruppe von Schauspielern namens »Naked Angels« leitete. Ich hatte dort einen kurzen Gastauftritt als Nazi, der unerkannt zum Lover einer gewissen Miss Scheißkopf avancierte. Diese wiederum wurde von Kristen Johnston gespielt, die später für einige Jahre sehr erfolgreich in der US-Serie »Hinterm Mond gleich links« mitspielte. Jüngeren wird sie als Lexi Featherston bekannt sein, das Partygirl aus »Sex and the City«, das besoffen aus dem Fenster eines Wolkenkratzers fällt. Kleine Rolle, großes Kino. Immense Wirkung. So war Kristen schon damals. Mich bemerkte man neben ihr kaum.

Außer Probeaufnahmen in Hollywood für irgendeinen Baywatch-Aufguss mit einem dubiosen Produzenten passierte nicht viel auf meinem erhofften Weg zu Ruhm und Oscar. Immerhin traf ich während meines Aufenthalts in Beverly Hills einen Dogwalker – ich glaubte zumindest, er sei einer – mit langem blondem Haar, der sich als jemand ganz anderes herausstellte.

Nach den Probeaufnahmen blieb mir alles Weitere erspart, ich entsprach einfach nicht dem Typ, den sich der Produzent vorgestellt hatte. Gott sei Dank!

So wurde aus mir nach dem Modeln und meinem Studium zunächst ein Make-up-Artist, dann ein Fotograf und vor einigen Jahren ein Schriftsteller.

Es gibt nur wenige, die es als Künstler ganz nach oben schaffen. Weil sie die Ausnahme bilden, weil sie lieben und leben, was sie tun. Weil sie wahre Talente sind, weil sie tief in ihrem Inneren wissen, dass es nichts anderes für sie gibt, und weil sie eine Voraussetzung erfüllen, die Heidi Klum einmal so wunderbar in ihrer knappen Art beschrieb: »It's all about preparation and opportunity.«

Du musst dein Handwerk beherrschen, an dir arbeiten, bereit sein, dann aber auch die Gelegenheit erhalten, das Ganze zu zeigen und einzusetzen. Dabei geht es nicht um den roten Teppich, den Glitzer und Glamour, den Luxus und die Kohle. Oder um die Bewunderung des Publikums, so wunderbar lakonisch vermittelt von Renée Zellweger in dem Film »Chicago«: »Ich liebe das Publikum und das Publikum liebt mich dafür, dass ich es liebe. Und wir lieben uns gegenseitig. Und all das nur, weil wir in unserer Kindheit zu wenig Liebe erfahren haben.« Das Ego und die unstillbare Sehnsucht nach Liebe und mehr, mehr, mehr. Aber muss man dafür ein Star werden?

Bleiben wir kurz bei den wahren Talenten, denjenigen, die ihre Kunst leben und lieben, und davon habe ich zu meinem Glück einige getroffen. Diese absolute Hingabe, dieses Sich-Auflösen in und mit dem, was man tut, wahrhaftig sein. Das ist wie Meditieren, wie Eintauchen in eine andere Dimension. Solche Momente habe ich selbst beim Fotografieren erlebt, beim intensiven Austausch mit demjenigen, der vor der Kamera stand. Es kam natürlich auch vor, dass mir nicht bewusst war, mit wem ich sprach oder wen ich gerade traf. Man kann schließlich nicht jeden kennen!

Ja, ich gebe zu, ich habe Künstler wie David Bowie, Greta Garbo und Brad Pitt schlichtweg nicht erkannt und Bastian Schweinsteiger nicht gekannt. Mit Letzterem handelte ich mir offene Münder und konsternierte Blicke von Fußballbegeisterten in Deutschland ein. Wie konnte ich »Schweini« nicht erkennen, den Fußballgott? Weil mich Fußball nicht interessierte oder ich zu jung war – whatever. Brad-Pitt-Fan war ich übrigens auch nicht. Das hat sich geändert. Fußball ist nach wie vor nicht mein Ding, aber Brad ist einfach ein cooler Typ und ein sehr guter Schauspieler.

Also verzeihe ich allen, die so manchen der hier erwähnten Namen nicht kennen.

Meryl Streep kannte ich natürlich, nur bin ich ihr leider nie »wirklich« begegnet. Lediglich ihrem Hinterkopf für vier Stunden in der Carnegie Hall, als sie bei einer konzertanten Aufführung von »Kristina aus Duvemåla«, dem grandiosen »unbekannten« ABBA-Musical, vor mir saß. Aber sie würde auf meiner Liste, wen ich gerne treffen würde, ganz oben stehen. Es müsste allerdings zufällig passieren. Sie zu treffen, wäre interessant, um herauszufinden, wer und was sich hinter meinen sie betreffenden Erwartungen verbirgt. Würde ich sie mögen oder sie mich? Hätten wir uns was zu sagen? Gäbe es eine Verbindung, wenn auch nur für den Moment?

So etwas ist mir wirklich einige Male mit Stars passiert.

Natürlich dank meiner Arbeit, denn ich hatte das Glück und das Privileg, erst als Make-up-Artist und dann als Fotograf Promis und die Menschen, die sich dahinter verbergen, zu treffen und abzulichten.

Es geht also um diese Begegnungen, um Erlebnisse mit Menschen, um persönliche Geschichten.

Mein Weg führte mich von Bövinghausen, einem Provinznest im Ruhrgebiet, über Hamburg, Paris, Tokio, New York und Berlin zuletzt nach Miami. Stationen meines Wirkens waren Hawaii, Südafrika, Island, Marokko, Kolumbien, Australien, Dubai, die Kykladen und die Karibik. Nicht zu vergessen Lissabon, Kroatien, Sardinien, Finnland, Tokio, Stade und Coesfeld-Lette.

Ich wurde Teil einer Welt, zu der ich bereits als junger Mann gehören wollte. Heute sieht der »Modezirkus« anders aus und hat für mich so manches Mal sein »It-Feeling« verloren. Natürlich war damals nicht alles besser, bestimmt nicht, aber heute reißt mich keine Fashion Week mehr vom Hocker. Agnetha Fältskog von ABBA brachte es 2013 in einem Interview auf den Punkt. Zehn Jahre aktives Gruppenleben und Weltruhm, in unserer kurzweiligen Zeit zu Recht eine »Legende«.

Ich meine, welche Gruppe lässt sich vierzig Jahre Zeit bis zum nächsten Album? Von der Frage, ob man so etwas überlebt, einmal ganz abgesehen. Auf das Nachhaken einer Journalistin, ob sie denn nicht noch mal in der Wembley Arena auftreten wolle (was sie 1979 des Öfteren tat – »sold out«, wohlgemerkt), reagierte Agnetha Fältskog mit einem ungläubigen Blick und meinte: »Why? I've done it!«

Genau! Erlebnisse lassen sich nur schwer mit dem gleichen Erfolg oder dem gleichen Gefühl wiederholen!

Die Menschen, die mich als Kind beeinflussten, waren weder Stars noch prominent. Ich komme aus einem »Kaff« bei Dortmund. Da gab es keine Stars, die man treffen konnte.

Das stimmt so nicht ganz! Juliane Werding, die inzwischen dem Showgeschäft Lebewohl gesagt hat und Heilpraktikerin wurde, trat einmal in unserer Dorfdisco auf, es war eher eine Kneipe. »Am Tag, als Conny Kramer starb«, ein Riesenhit, den ich lauthals mitsang, ohne zu verstehen, worum es ging.

»Doch der Rauch schmeckte bitter, aber Conny sagte mir, was er sah. Ein Meer von Licht und Farben, wir ahnten nicht, was bald darauf geschah.«

Drogen, Overdose, Tod! Uff, deutscher Schlager, 1972, ich war zehn.

Daisy Door – die hieß bestimmt auch anders – folgte dem Trend, sang »Du lebst in deiner Welt«, ein Lied über Heroin, und verkaufte mehr als eine Million Exemplare. Schallplatten, wohlgemerkt!

Juliane war auch ein Ruhrpottkind, sie kam aus Essen, gleich »um die Ecke«. Mein Cousin nahm mich mit zu ihrem Auftritt. Sie sang ihre Songs, saß mitten unter uns. Irgendwann lachte sie mich an, strich mir über den Kopf. Ich war verliebt. So viel zu meiner Promi-Erfahrung als Kind.

Obwohl! Halt! Da war ja noch Jürgen Marcus!

Ich begegnete ihm auf dem alljährlichen Schützenfest des Dorfes. Zu der Zeit muss ich zwölf Jahre alt gewesen sein. Herr Marcus fühlte sich an diesem kalten Abend offensichtlich unwohl. Vor seinem Auftritt kuschelte er sich hinter der Bühne in einen riesigen Fuchsmantel und dachte wahrscheinlich mit Grauen an die fast fünfhundert Menschen, die ihm, vom Alkohol stimuliert, gleich in einem zugigen Zelt zujubeln würden.

»Ein Festival der Liebe«, »Eine neue Liebe ist wie ein neues Leben, nanananananana«. Millionen Mal verkauft. Jürgen Marcus musste liefern, das Volk unterhalten. Das tat er dann auch, Vollprofi, großer Star damals, Hitparade, Disco, Starparade, das volle Programm. Jürgen war im Fernsehen, da wollte ich auch eines Tages hin. Ich konnte zwar nichts, aber irgendwie würde ich das schon schaffen.

Es dauerte lange, bis ich begriff, dass das Leben kein Wunschkonzert ist – vom berühmten Ponyhof ganz zu schweigen. Dass der Weg ein anderer ist als die zu Tode gequälte Antwort auf die Frage, was Mann oder Frau denn mal werden möchte: schön, reich und berühmt!

Schön, okay, das kann ich verstehen. Attraktivität erleichtert so manches, ist jedoch keine Garantie für was auch immer!

Reich, ein guter Punkt, aber viele sind nicht glücklicher, wenn sie erst einmal reich sind.

Natürlich darf »berühmt« nicht fehlen. Weil man ja die in der unglücklichen Kindheit zu kurz gekommene Liebe ausgleichen muss. Jene diffuse, illustre »Berühmtheit« war mal mein Bestreben, heute könnte ich von dieser seltsamen Begierde nicht weit genug entfernt sein. Warum will fast jeder heute berühmt werden und nutzt Social Media als vermeintliche Plattform? Was fasziniert uns so an Stars und dem Berühmtsein?

Ich dachte später oft zurück an den Sänger Jürgen Marcus, der hinter der Bühne ganz anders war als während seiner Auftritte. Meine Mutter Brigitte wollte an diesem Abend unbedingt ein Autogramm von ihm. Ihn »mal drücken«, ihm sagen, wie schön sie seine Stimme fand. Meine Mutter war sehr forsch und engagiert, sah gut aus, hatte es bis zur Pfarrsekretärin und in den Gemeinderat geschafft. In unserem Dorf war sie bekannt, wenn auch nicht berühmt. Sie genoss es, wenn man sie auf der Straße grüßte, was das halbe Dorf auch tat. Zumindest die katholische Seite. Gut fürs Ego, ihr Ego! Sie flog als Mitglied einer Kommission, die Missionare unterstützte, nach Samoa, auf die Fidschi-Inseln, nach Australien, sie war in Thailand und Nordamerika. Sie wollte raus aus dem Ruhrpottkaff, merkte aber sehr schnell, dass sie nur dort ein »Star« war und in der großen weiten Welt keine Rolle spielte. Heute hätte meine Mutter einen Instagram- und einen TikTok-Account und würde alles, was sie erlebt, auf der Stelle posten: sämtliche Erlebnisse auf ihren Reisen, alles, was sie isst, was sie trägt und jeden Entwicklungsschritt ihrer Kinder. Ein solches Szenario blieb mir Gott sei Dank erspart. Wir hatten damals ein Telefon, ein Radiogerät, die »Ruhr Nachrichten« und drei Fernsehprogramme. Die »Berühmtheit« meiner Mutter beschränkte sich auf einen kleinen lokalen Radius.

Stars hatten früher einen anderen Status als heute. Wer es so weit nach oben geschafft hatte, war außerhalb der Reichweite der gewöhnlichen Sterblichen.

Sterne – »Stars« – leben im Himmel, deswegen ist der Fall auf die Erde auch umso schmerzhafter.

Was bleibt also hängen vom Ruhm einer Person? In unserem Bewusstsein? Im gesellschaftlichen Kontext? In einer politischen Wahrhaftigkeit? Von meiner Mutter nicht viel, weil sie nichts davon hatte. Leider. Deswegen klappt das mit dem Berühmtwerden auch nie, wenn Mann oder Frau es um des Berühmtwerdens willen anstrebt und sonst nur heiße Luft dahintersteht. Substanz ist da vonnöten, was die meisten Duckfaces auf Instagram vergessen!

Am Abend ebenjenes Schützenfestes befand sich meine Mutter in der Blüte ihrer gesellschaftlichen Position. Wie selbstverständlich ging sie zum Star des Abends, bekannt aus Funk und Fernsehen, in die Garderobe. Sie strahlte den verhaltenen Jürgen Marcus an, drückte ihm einen Stift in die Hand und bat ihn um ein Autogramm. Ohne ihm die Gelegenheit zu geben, etwas zu erwidern, erzählte sie ihm, wie toll sie ihn fand, und er sei ja auch aus Herne, ein Ruhrpottkind. Ihre ganze Nervosität entlud sich in einer sprudelnden und viel zu positiven Quirligkeit, die mir damals peinlich war. Ruhig stand ich neben ihr, verfolgte das Spektakel und dachte: So wirst du nie. Jürgen ist auch nur ein Mensch. Siehst du nicht, dass er friert und dass er eigentlich gar nicht hier sein will?

Ich wusste natürlich noch nichts vom Showgeschäft, von Umsätzen, Managern und dem Druck, dem fast alle unterliegen, die im Rampenlicht stehen. Vom Ego, von ihrer Schüchternheit, von Drogen oder Alkohol. Aber ich »fühlte« diesen Menschen Jürgen. »Marcus« war ein Künstlername, er hieß eigentlich »Beumer« und war gelernter Schlosser. Ich dachte nur: Der hat es auch nicht leicht. Das hatte er auch nicht. Seine Karriere hielt ein paar Jahre an, verbunden mit einigen Goldenen Schallplatten, Ottos, Löwen, Goldenen Europas, dann war Schluss mit lustig. Da nützte ihm auch seine wunderbare Stimme nichts.

Jürgen Marcus wurde irgendwann von der Bild am Sonntag geoutet und starb vor einigen Jahren.

Viele seiner Kollegen, so zum Beispiel Rex Gildo, traf ein ähnliches Schicksal: Karriere, Hossa, Kohle, dann Absturz, Krankheit, Alkohol und Auftritte in Möbelgeschäften.

Ja, Ruhm ist nicht etwas, das ewig währt oder sich als das herausstellt, was wir erwarten. Wie war das noch mit den berühmten fünfzehn Minuten? Die sind schnell rum! Wenn es überhaupt so lange dauert.

Jürgen Marcus ertrug meine übergriffige Mutter, sah mich an und strich mir kurz über den Kopf. Er gab ihr das ersehnte Autogramm, das sie in den darauffolgenden Tagen allen zeigte, die es sehen wollten oder auch nicht, dann zwinkerte er mir zu und lächelte verhalten. In diesem Moment war es egal, ob und wer hier ein Star war, darum ging es nicht. Einfach nur um das gegenseitige Verständnis, dass meine Mutter ihn nervte und es mir unangenehm war. Dass ich auf seiner Seite war.

Ich traf ihn nie wieder. Ein guter Sänger, der nur mit Hitparadenmarschmusik erfolgreich sein durfte. Wer einmal in dieser Schublade steckte, hatte Pech.

Was hat Jürgen Marcus also mit Marlene Dietrich und Pamela Anderson zu tun? Es sind Menschen, die ich getroffen habe und von denen ich etwas lernen konnte. Die großartige Liz Taylor sagte einmal in einem Interview: »James Dean, Monty Clift und Rock Hudson waren meine Freunde. Sie haben mir alles erzählt. Alles!« Dann beugte sie sich leicht zum Journalisten vor, musterte ihn und sagte: »Wouldn't you like to know.« (»Das wüssten Sie wohl gerne.«) Anschließend warf sie den Kopf zurück und brach in schallendes Gelächter aus. Sie hatte ihre Freunde nicht verraten.

Schmutzige Wäsche gehört in die Maschine.

Als ich neulich einem jungen Freund in Miami fragte, ob ihm der Name »Marlene Dietrich« etwas sage, zuckte er mit den Schultern. Eartha Kitt? Nein, die auch nicht. Lauren Bacall, Joan Collins, Angela Merkel? Nie davon gehört. Ja, Cindy Crawford, der Name sagte ihm etwas. Als ich Pamela Anderson erwähnte, leuchteten seine Augen. Ariana Grande? Ja klar, die kannte er! Er lachte und sagte: »Michael, du bist einfach zu alt. Warum sollte ich diese Leute kennen, die sind ja tot. Was habe ich mit denen zu tun?«

In drei Sätzen sprach ich über Marlene, ihre politische Einstellung, ihre Überzeugung und ihren Einsatz. Sein Blick änderte sich. »Oh, so she was kind of a hero?«

Ich nickte. Genau, sie war – und bleibt – eine Art Heldin, und vielleicht ist es deshalb so wichtig, hinzuschauen, was ihre Person betrifft, und an sie zu erinnern. Und nicht, weil man eine Hose nach ihr benannt hat!

Hier sind also einige Geschichten rund um die wunderbaren Begegnungen mit all diesen seltsamen, talentierten, begabten, schlauen, verschrobenen und vor allem menschlichen Wesen, die, ebenso wie ich, in ihrer Kindheit zu wenig Liebe erfahren haben.

Bis auf einige Ausnahmen, so wie Meryl Streep, denn die habe ich leider noch nicht persönlich getroffen. Kann ja noch was werden.

Man(n) weiß ja nie.

Frau auch nicht immer.

2. DIE NACHT, IN DER MARLENE DIETRICH ANRIEF! UND WAS ES MIT DER MARLENE-HOSE AUF SICH HAT.

Ich lag schon im Bett. Es war gegen 23 Uhr an einem regnerischen Novemberabend Ende der Achtzigerjahre in Hamburg.

Ich hatte nicht den besten Tag hinter mir: Stress an der Uni, danach ein Job in einem unpersönlichen Studio in Hamburg-Winterhude mit einem schlecht gelaunten Fotografen.

Wenn ich eines Tages mal Fotos machen würde, selber Fotograf werden sollte, dann hätte ich bessere Laune und würde alle am Set gut behandeln – oder es zumindest probieren! Dachte ich in meinem jugendlichen Leichtsinn. Es sollte noch mehr als zehn Jahre dauern, bis es so weit war, doch das wusste ich damals nicht. Genauso wenig, was es bedeutet, Fotograf zu sein, oder welche Probleme das Erwachsensein mit sich bringen kann. Wie hart die Realität oft ist und warum Mann oder auch Frau manchmal zur Flasche greift oder sich anderweitig beruhigt, um alldem zu entkommen. Um Situationen zu ertragen.

Mein Kosmos sollte sich erst in der zweiten Lebenshälfte erhellen, erst dann ergaben Dinge einen Sinn und fügten sich zusammen. Dennoch begleitet mich – glücklicherweise, möchte ich an dieser Stelle hinzufügen – bis heute eine Art Peter-Pan-Syndrom: Der Gedanke, immer noch alles vor mir zu haben, beflügelt mich nach wie vor. Gut so! Ich war damals schon ein Reisender, ein Beobachter, der die Dinge als Außenstehender betrachtete und sich selten in etwas hineinziehen ließ. Aber dieser feucht-dunkle November hatte es in sich und mich plagten ganz andere Probleme.

Außerdem hatte ich genug mit der Vorbereitung meiner Magisterarbeit zu tun. »Literaturverfilmung alter französischer Werke«, so lautete das Thema. Fachübergreifend sozusagen und somit nicht rein wissenschaftlich. Meine Professorin, Professor Doktor Christa Schlumbohm vom romanischen Seminar der Universität Hamburg, hatte mich dazu angeregt. Ich mochte meine Professorin, eine schöne, witzige und sehr kluge Frau, mit der ich immer noch in Verbindung stehe. Sie hatte mich nach dem Vorstudium dem Direktor der Pariser Elite-Uni Sorbonne empfohlen. Tatsächlich bekam ich ein Stipendium und durfte dort achtzehn Monate lang studieren. Hauptsächlich Literatur, aber auch Filmwissenschaften und Kunstgeschichte.

Ich liebte das Medium Film. Damals gab es noch kein Internet, kein YouTube oder Streaming. Man musste sich wirklich in die Kinos und die Cinematheken begeben, um Filme zu sehen, um die Kostbarkeiten zu entdecken, die nicht im Fernsehen gezeigt wurden.

Das Pariser Leben entsprach ganz meinen Vorstellungen. Ich trank Unmengen von Café au Lait, zitierte Voltaire und hatte sehr viel Spaß.

Jetzt war ich wieder zurück im kalten, regnerischen Hamburg und eine wissenschaftliche Arbeit zu dem Thema »Literaturverfilmung« war etwas ganz anderes als mein »Pariser Leben«. Der Geruch der »Stabi« und der Bibliothek im elften Stock des »Philturms« der Hamburger Uni klebten praktisch an mir. Da half auch »Fahrenheit« von Dior nicht.

Ich lag im Bett und konnte nicht einschlafen. Das Telefon klingelte. Ich schaute auf den Wecker. 23:10 Uhr. Himmel, wer war das denn jetzt noch? Wahrscheinlich meine Freundin Sassa, die wieder Ärger mit ihrem Typen hatte, oder Ernie, der von einem Auftritt kam und somnambul durch die Nacht schwankte. Genervt richtete ich mich auf und nahm den Hörer ab.

»Ja, hallo! Ich bin schon im Bett.«

Es knisterte kurz in der Leitung und ich vernahm ein erstauntes, gurrendes Lachen.

»Mais cést genial, moi aussi. Bonsoir, cést possible de parler avec Michael Reh?«

Für alle, die der französischen Sprache nicht mächtig sind, nachfolgend die Übersetzung, und ich bleibe dann gleich bei der deutschen Sprache. Das macht die Sache einfacher.

»Aber das ist ja wunderbar. Ich bin auch bereits im Bett. Guten Abend, könnte ich bitte mit Michael Reh sprechen?«

Ich vermutete, es wär irgendeine Bekanntschaft aus meiner Pariser Zeit – oder eher die Mutter einer Bekanntschaft. Die Stimme klang alt, leicht brüchig, gleichzeitig aber auch irgendwie bekannt.

»Ja, hier ist Michael Reh. Mit wem habe ich das Vergnügen?«

»Guten Abend. Hier ist Marlene Dietrich.«

Flashback.

»Marlene hatte andere Pläne«, sang Nina Hagen auf ihrer ersten West-LP »Nina Hagen Band«. Ich war gerade fünfzehn Jahre alt und Nina Hagen öffnete mir die Augen für eine andere Welt, die nichts mit der kleinbürgerlichen und katholischen Provinznestrealität zu tun hatte, in der ich lebte. Nina sang vom Bahnhof Zoo, von Drogen, vom Scharfsein und Rangehen, vom »Schlüpfer mit der Queen von London drauf« und von anderen Ufern. Völlig neu und ausgeflippt, was mich und mein damals naives Denken betraf. Und sie sang sich mitten in mein bis dahin noch unentdecktes Revoluzzerherz, das bereits spürte, dass es eines nahen Tages laut schlagen würde.

Marlene kannte ich kaum. Die Dietrich. Noël Coward verglich sie mit der schönen Helena, mit Eva und Cleopatra. Selbst Madonna versuchte später, Marlene zu imitieren, und ich sage bewusst »versuchte«, denn es gelang ihr nicht. Die Deutschen mussten ja bereits Katja Flint in dieser Rolle ertragen. Kein Highlight der Filmgeschichte. Marlene mochte Frau Ciccione nicht besonders und betitelte sie sogar als »Floozie«. Ein wunderbarer Ausdruck, der so viel wie »leichtes Mädchen« oder »Nutte« bedeutet. Oder auf Neudeutsch »Sexworker«.

Ach ja, die deutsche Sprache, so genau, so präzise, neuerdings so genderorientiert, damit Mann oder Frau oder das, was dazwischenliegt, bloß niemandem auf die Füße tritt. So mutlos, so konfliktscheu, so konform.

Ganz anders als die Frau, von der wir hier sprechen. Marlene Dietrich scherte die Moral ihrer Zeit und vor allem die Konformität der Gesellschaft einen Dreck. Sie gehorchte ihrer eigenen Moral und tanzte zu ihrer eigenen Musik. Intelligent, scharfsinnig, schön, spontan. Laut eigener Aussage suggerierte sie Erotik. Ihre »durchsichtigen Kleider« waren gerade das, und vor allem eins nicht: billig. Es waren Kunstwerke von Jean Louis, nach Marlenes Vorstellungen angefertigt.

(Jean Louis fertigte übrigens auch das Kleid der Monroe zu JFKs Geburtstag, an dem sie »Happy Birthday« ins Mikrofon hauchte. Kim Kardashian trug dieses Kleid vor zwei Jahren zur Met Gala in New York. Tragisch! Es gibt Dinge, die sollte man lieber nicht tun.)

Marlene ließ sich nicht wie die Monroe in ein Kleid hineinnähen, denn die Kleider und was darunter noch so alles auf ihrem Körper platziert wurde, passten sehr lange – bis zu ihrem zweiundsiebzigsten Lebensjahr – und auch ohne große Änderung. Preußische Disziplin! Gute Gene, wie sie oft betonte. Die Pillen von Dr. Feelgood und den späteren Alkoholkonsum lassen wir an dieser Stelle weg. Ohne ihn wegzureden. Eine Idealfigur will ich aus der Dietrich bestimmt nicht machen, denn das war sie nicht! Nobody is perfect!

Ich höre in der letzten Zeit so oft: »Warum sollte ich die Dietrich kennen? Die Frau wurde vor einhundertzwanzig Jahren geboren und ist seit über dreißig Jahren tot. Die hat nichts mit meinem Leben gemeinsam.«

Doch, hat sie!

Abgesehen von ihren Bildern, die sich, wenn auch oft neu interpretiert, in unser gesellschaftliches (Unter-)Bewusstsein eingeprägt haben, war sie vor allen Dingen eine politische deutsche Frau und ein Weltstar, der 1936 öffentlich Hitler trotzte. Vorher versuchte sie, die englische Monarchie zu retten, indem sie dem amtierenden König Edward Wallis Simpson ausreden wollte.

Und da viele Marlene nicht mehr kennen, hier einige wichtige Informationen zu dieser bemerkenswerten Frau:

Marlene Dietrich wurde am 27. Dezember 1901 in Berlin-Schöneberg geboren und starb am 6. Mai 1992 in Paris. Das Filmfestival in Cannes hatte ein Bild von ihr aus dem Film »Marokko« von Josef von Sternberg als Poster der Filmfestspiele 1992 bestimmt, und so hing das Werbeplakat von Cannes mit einem Schwarz-Weiß-Foto von Marlene, passend zu ihrem Tod, in jeder französischen Stadt. Genialer ungewollter Schachzug und PR-Coup einer bereits Verstorbenen.

Marlene wurde Mitte der Zwanzigerjahre des letzten Jahrhunderts Schauspielerin in Berlin, bis ihr mit dem Film »Der blaue Engel« 1929 der internationale Durchbruch gelang. Da saß sie in Strapsen und Zylinder auf einem Holzfass und sang: »Ich bin von Kopf bis Fuß auf Liebe eingestellt.« Hollywood, Josef von Sternberg und die »Paramount« riefen, und Marlene zog nach Beverly Hills. In der Zeit von 1930 bis 1978 drehte sie sechsunddreißig Filme. Unter anderem mit Orson Welles, Gary Cooper, David Bowie, Billy Wilder und Alfred Hitchcock. Marlene erhielt nie einen Oskar, obwohl sie ihn für ihre Rolle in »Zeugin der Anklage« oder in dem hochpolitischen Film »Eine auswärtige Affäre« verdient hätte.

Letzterer spielt nach dem Krieg in Berlin. Die Dietrich mimt eine nazitreue deutsche Nachtclubsängerin, die selbst mit Hitler scherzt. Weiter entfernt von der Privatperson hätte eine Filmrolle für eine Schauspielerin nicht sein können.

In der Realität wollten die Nazis Marlene 1936 »heim ins Reich« holen und versprachen ihr eine großartige Karriere. Nachdem sie davon erfahren hatte, wurde sie amerikanische Staatsbürgerin und unterstützte die US-Truppen während des Zweiten Weltkrieges, indem sie im Rahmen der Truppenbetreuung Verwundete im Lazarett besuchte und an der Front mit ihren Shows begeisterte. Sie war die einzige deutsche Schauspielerin, der einzige internationale Star, der sich bereits vor dem Zweiten Weltkrieg vehement und öffentlich gegen die Nazis aussprach und aktiv handelte. Laut und vernehmlich tat sie kund, was sich die meisten nicht trauten.

»Wir wussten, was passierte. Wir wussten von den Juden und den Konzentrationslagern. Und bei Hitler, da ging es nicht mehr mit mir.«

Ihre von den Nazis versprochene Karriere in Deutschland ging dann an die Schwedin Zarah Leander.

Mit der habe ich nie telefoniert.

Die Leander sang mit als Engeln verkleideten SS-Offizieren, darunter mein inzwischen verstorbener Onkel Paul, in dem Film »Die große Liebe« von 1942 das Lied »Ich weiß, es wird einmal ein Wunder geschehn«, während Marlene irgendwo auf dem Schlachtfeld mit dem Lied »Lili Marleen« die Moral der Soldaten stärkte. Das Wunder der Leander blieb – Gott sei Dank – aus. Marlene erlangte später für ihren Einsatz gegen die Nazis im Zweiten Weltkrieg weltweit Anerkennung und Respekt sowie die »Medal of Freedom« der USA und das Kreuz der Ehrenlegion, die höchste Auszeichnung für Zivilisten in Frankreich.

Mein Vater nannte sie »Vaterlandsverräterin«, wie manch anderer, der, unreflektiert und traumatisiert, den Zweiten Weltkrieg und die Ideologie des Dritten Reiches überlebt hatte. Hitler, Deutschland, heim ins Reich, also bitte auch Österreich, denn Hitler war ja Österreicher und kein Deutscher. Ich erwähne das hier nicht, um irgendjemanden zu belehren, sondern um aufzuklären und mehr Wissen zu schaffen. Denn mehr Wissen soll ja gut sein für den Kopf und das Verständnis um die Weltlage und um Zusammenhänge im

Allgemeinen. Genauso wie das Verständnis der Vergangenheit, der Geschichte. Alles kommt zurück und die Gegenwart wäre ohne die Vergangenheit nicht möglich. Den Denkapparat selber zu gebrauchen, sich eine eigene Meinung zu bilden und sich nicht von den Medien – gerade von den sozialen, aber auch von der Presse – tagtäglich derart manipulieren zu lassen, dass man zwar glaubt, eine eigene Meinung zu haben, aber doch nur »Influencern« oder wiedergekäuten Medienberichten folgt, die einem gerne das Hirn matschig quatschen.

History repeating!

Zu denken, Marlene sei eine Vaterlandsverräterin, zeigte nur die schafmäßige Hirnlosigkeit vieler manipulierter Deutscher nach dem Krieg – mein Vater eingeschlossen. Und die Angst vor Reflexion sowie die Scheu, sich dem eigenen Versagen zu stellen.

Als Marlene im Mai 1960 nach Berlin flog, um während einer Deutschlandtournee die Menschen zu unterhalten, wurde sie mit Schildern wie »Marlene, hau ab!« empfangen, man legte eine Bombe ins Theater und sie wurde mit Eiern beworfen. Ein Empfang, den sie mit dem Spruch kommentierte: »Wenn der eine geht, ist der andere böse.« Klare Worte einer Frau, die die unreflektierten Strukturen einer Nation erkannte, ohne sie großartig mit psychologischem Wissen erklären zu müssen. Erst nach ihrem Tod kehrte sie wieder nach Deutschland zurück, denn sie wurde auf eigenen Wunsch in Berlin beigesetzt.

Dort liegt sie auch heute noch und dreht sich wahrscheinlich kopfschüttelnd in ihrem Sarg um angesichts der aktuellen sozialen und kulturellen Entwicklung. Oder auch nicht! Denn neun Jahrzehnte Leben, zwei Weltkriege und die unerträgliche Leichtigkeit des Seins haben sie wahrscheinlich soweit abgehärtet und erleuchtet, dass sie wüsste, dass Kopfschütteln nichts bringt. Eher aktives Handeln. Ebendies prägte ihr Leben. Genauso wie Pragmatismus, Ehrgeiz, moralische Verantwortung und, ja auch Demut! An Gott oder an eine höhere Macht glaubte sie nicht. Wenn es eine solche geben sollte, musste sie ihrer Meinung nach »meschugge« sein, betrachtete man die aktuelle Weltlage. So von ihr 1984 behauptet in dem Dokumentarfilm »Marlene« von Maximilian Schell. Da hörte ich übrigens zum ersten Mal die Stimme der alten Dietrich, aufgenommen in ihrem selbst gewählten Exil in Paris.

Marlene Dietrich war der einzige weibliche deutsche Weltstar des letzten Jahrhunderts. Sie trug Hosen, bevor diese gesellschaftsfähig waren, und ist bis heute dafür bekannt. Genau, die Marlene-Hose.

Wer küsste eine Frau? Auf den Mund, im Frack, im Film (»Marokko«), öffentlich? 1930? Niemand! Außer Marlene!

Und sie tat so einiges während ihrer Karriere, die sie mehr als ein halbes Jahrhundert aktiv anging. Anfang der Fünfzigerjahre startete sie eine One-Woman-Show in Las Vegas und ging damit mehr als zwanzig Jahre lang weltweit auf Tournee.

Sie bekam dann 1968 auch einen »Special Tony Award« – ein Sonderpreis ohne Wettbewerb im Rahmen der Tony Awards – für ihre One-Woman-Show und ihr Broadwaydebüt im Alter von siebenundsechzig Jahren, das erfolgreichste Engagement der Saison. Nicht schlecht für eine »ältere Dame«. Gregory Peck ehrte sie an dem Abend der Preisverleihung als Frau, deren Name für »justice, glamour and excitement« stehe.

Das letzte Jahrzehnt ihres Lebens, als sie das offizielle Bild ihrer selbst nicht mehr im realen Leben, auf der Leinwand oder auf der Bühne aufrechterhalten konnte, verbrachte Marlene im Bett. Mit Tabletten und Champagner. Eine eigenartige, aber für mich durchaus nachvollziehbare Konsequenz. Ob es die richtige Entscheidung war, sei dahingestellt. Aber es war ihre Entscheidung!

Paris, Ende des Jahres 1987. Dort wohnte Marlene in der Avenue Montaigne Nummer 12. Ich wusste, sie verließ das Haus selten oder gar nicht mehr. Dennoch ging ich nach der Uni oft in der Nähe ihrer Wohnung spazieren. Man konnte ja nie wissen … Eines Tages wurde ich von meiner Pariser Agentur zu einem Casting geschickt. Zu Maurice Franck, einem bekannten Friseur, der ein Model für seine neue Kampagne suchte.

Als ich in sein Büro trat, verschlug es mir die Sprache, sowohl die deutsche als auch die französische. Dort hingen zwei große Originalfotografien von Marlene. Eine aus den frühen Siebzigerjahren, sie trug ihren Mantel aus Schwanenfedern. Aus dem geschlitzten Kleid ragte eines ihrer berühmten Beine, die sie bereits in den Dreißigerjahren für eine Million Dollar versichern ließ. Das andere Bild über dem Schreibtisch stammte aus ihrem letzten Film »Just a Gigolo«, den sie mit David Bowie gedreht hatte. Sie trug eine Perücke, einen

Hut mit Schleier und war dennoch unverkennbar »Dietrich«. Beide Bilder waren signiert für den Mann, der hinter dem Schreibtisch saß.

»Sie haben Marlene getroffen? Und mit ihr gearbeitet?«, platzte ich heraus. »Wie war sie? Das ist ja unglaublich!«

Er sah mich an. »Oh, ein Deutscher, der die Dietrich mag, interessant.« Er bot mir Platz an, das Casting war für den Moment vergessen.

»Sie ist eine äußerst resolute und sehr beeindruckende Persönlichkeit«, fuhr er fort. »Sie eine Freundin zu nennen, wäre vermessen, aber wir sind in Kontakt. Noch immer.« Er schmunzelte. »Nach den Dreharbeiten zu ›Just a Gigolo‹ schickte ich ihr einen großen Strauß Rosen als Zeichen meiner Dankbarkeit. Eine Stunde später kamen die Blumen mit einer Karte zurück. Warten Sie einen Moment.« Er kramte in seinem Schreibtisch und zog eine kleine Karte aus einem Umschlag hervor und reichte sie mir. »Lesen Sie selbst!«

Dort stand, unverkennbar in Marlenes Handschrift: »Wenn man Blumen schenkt, so schickt man sie in einer Vase. MD.« Das hatte Klasse!

»Ich habe natürlich die Blumen noch einmal geschickt, diesmal in einer Vase. Einige Stunden später rief sie mich an, bedankte sich und ich sagte: ›Ich habe zu danken, Madame, denn man lernt nie aus.‹« Er sah mich an. »Es war wichtig zu wissen, dass man die Etikette zu wahren hatte, wenn man mit ihr kommunizierte. Und die Distanz. Denn nur sie war diejenige, die sie aufheben konnte.«

Ich war fasziniert, bekam den Job und mein gut frisiertes dunkelblondes Haar den besten Undercut der Welt.

Nach meiner Stipendiatenzeit ging ich zurück nach Hamburg, um mein Studium abzuschließen. Neben der romanischen Philologie studierte ich neue deutsche Literatur und es gab dort in den letzten zwei Semestern den neuen Zweig »Medienwissenschaften«. Mein Professor wusste, ich mochte Filme und die Dietrich, und fragte mich, was mich an ihr so fasziniere.

»Ihre politische Überzeugung und ihre moralische Verantwortung«, erwiderte ich.

»Da haben Sie doch Ihre Semesterarbeit.«

Ich wollte nicht einfach nur etwas schreiben, denn es ging ja um Medien, um Bilder, um Gesehenwerden, und ich konzipierte eine

Ausstellung zu dem Thema »Marlene als politische Figur«. Aus heutiger Sicht wahrscheinlich nicht allzu professionell, aber voller Eifer für diese eigenwillige Frau und ihr politisches Zeugnis während der Nazizeit. Ich legte große Rahmen an und mithilfe von Papier, Kopien, Prittstift und Zitaten erschuf ich zwölf Tableaus, die Marlene in verschiedenen Momenten ihres Lebens und ihrer Karriere unter dem jeweiligen politischen Aspekt zeigten.

Das Ganze hing dann für einige Wochen in einem Café in Hamburg in der Langen Reihe, im »Gnosa«. Das »Gnosa« war damals das bekannteste Café in St. Georg und Tummelplatz der Schwulenszene. Alles, was »anders« war oder sich sexuell und/oder politisch anders definierte, egal welchen Alters, ging dort ein und aus. Das »Gnosa« gibt es heute noch, aber die gesellschaftliche und politische Notwendigkeit der damaligen Zeit ist dem puren Genuss von Kuchen gewichen. Leider!

Der Kuchen ist nach wie vor hervorragend!

Zu dieser Zeit gab es im Dunstkreis von »Lilo Wanders« eine Figur, die mein Freund und Schauspieler Ernie Reinhardt kreiert hatte. Einen ehemaligen Balletttänzer namens Derk, in die Jahre gekommen und in die Breite gegangen, der mit seiner Mutter, die angeblich mit Frau Dietrich zur Schule gegangen war, irgendwo im Hamburger Norden wohnte.

Er kenne die Dietrich persönlich. Sagte er. Und er besuche sie. Sagte er!

Umgehend rief ich ihn an und wir trafen uns einige Tage später. Er zeigte mir Bilder von Marlene, die er im vorangegangenen Jahr in Paris in ihrer Küche aufgenommen hatte. Dann sagte er: »Natürlich musst du ihr schreiben und ihr Bilder von der Ausstellung schicken. Das wird sie freuen.«

Ich musterte ihn skeptisch.

»Nein, glaube mir, das ist gut, was du gemacht hast! Und es war wichtig für sie, damals, diese Arbeit. An der Front, die Truppenbetreuung.«

Er legte eine Kassette in den Videorekorder und wir schauten uns Marlenes Version von »Where Have All the Flowers Gone« an. Ein Antikriegslied von Pete Seegers, das sie ruhig und in gesetztem Tempo anstimmte und zum Schluss voller Empörung und Zorn herausschrie. Man spürte, diese Frau hatte den Schmerz, die

Ungerechtigkeit und die Sinnlosigkeit des Zweiten Weltkrieges hautnah miterlebt.

»Schreib ihr einen Brief, erzähl ihr davon, sag, was du fühlst und dass ihre Arbeit auch heute noch wichtig ist. Und es auch bleiben wird. Für zukünftige Generationen. Stell dir vor, sie hat 1960 als erste Deutsche in Israel auf Deutsch gesungen! Das war damals verboten. Und es war nicht nur ein Lied, sie sang neun Lieder auf Deutsch! Das ist es, was sie so besonders macht. Der Mut, ihre Ehrlichkeit. Die Authentizität. Sie war den Leuten nahe, und das spürten sie auch. Fünfzehn Jahre nach Ende des Zweiten Weltkriegs in Israel auf Tournee zu gehen. Als Deutsche. Das konnte sie nur, weil sie öffentlich gegen die Nazis war und das der ganzen Welt in aller Deutlichkeit zeigte.« Derk sah mich an. »Ich gebe ihr den Brief persönlich, ich fahre in zwei Wochen nach Paris. Ich hoffe, sie macht die Tür auf. Meine Mutter hat Marmelade gekocht. Das zieht fast immer.«

Ich ging nach Hause und schrieb der Frau, mit der ich mich verbunden fühlte, obwohl wir nie ein Wort miteinander gewechselt hatten und die nichts von meiner Existenz wusste. Mein Brief an sie war klar und direkt. Ich erzählte, was mich an ihr beeindruckte, und berichtete von der »Ausstellung«. Auf Deutsch, dann auf Englisch, dann auf Französisch. Man wusste ja nicht, in welcher Sprache sie in ihrem hohen Alter am fittesten war. Ich formulierte meine Zeilen höflich und respektvoll, denn ich wusste ja, was mit Blumen passierte, die ihr ohne Vase geschickt wurden. Ich fand die Polaroids, die ein Freund an dem Abend der Eröffnung im »Gnosa« gemacht hatte. Auf einem war ich mit Freunden zu sehen. Ich steckte alles in ein großes Kuvert, schrieb die Adresse und meinen Absender darauf, und bevor ich das Kuvert verschloss, nahm ich den Brief noch einmal heraus. Kurzerhand vervollständigte ich meine Adresse, die ich auch auf die Briefbögen gesetzt hatte, indem ich meine Telefonnummer daruntersetzte.

Man konnte ja nie wissen, das Telefon war ihr Draht zur Welt.

»Guten Abend. Hier ist Marlene Dietrich.«

Es waren Wochen vergangen, seitdem Derk meinen Brief mit nach Paris genommen hatte.

»Sie hat ihn bekommen!«, hatte er mir nach einer Weile versichert.

Am Anfang war ich noch jeden Tag erwartungsvoll zum Postkasten geeilt, doch nach etwa einem Monat hatte mich der Glaube verlassen, dass meine Aktion Eindruck hinterlassen haben könnte.

Ich sah erneut auf die Uhr. Es war 23:12 Uhr an jenem nasskalten Novemberabend in Hamburg. Ich hörte die alte Stimme und dachte: Das ist Derks Mutter! Oder war es Ernie, der die Dietrich ja auch sehr schätzte und sie gekonnt zu imitieren verstand?

Sie sprach Französisch und ich beschloss, sie zu testen. Denn nur die Dietrich höchstpersönlich konnte wissen, dass ich ihr dreisprachig geschrieben hatte.

»Ich hoffe, Sie verzeihen mir, aber wäre Ihnen der Brief in einer einzigen Sprache lieber gewesen?«

»Oh mon cher, nein, nein, Sie haben bestimmt geglaubt, dass ich so alt bin, dass ich Worte auf Deutsch vergessen habe. Dem ist nicht so, aber ich muss ab und zu danach suchen, da haben Sie recht.«

Sie war es. Marlene. Sie rief mich an. Freude mischte sich mit einem überwältigenden Gefühl, meine Stimme wankte. Gut, dass sie meine Tränen nicht sehen konnte.

»Junger Mann, Gefühle sind etwas Gutes, Gefühle sind wichtig. Schämen sie sich nicht dafür. Tränen darf man nicht unterdrücken. Glauben Sie mir, ich habe sehr viele Männer weinen sehen. Aber mein Anruf sollte Sie nicht traurig stimmen.«

Ich holte tief Luft. »Sie haben recht, aber ich bin erstaunt, dass Sie am Telefon sind. Und erfreut und geehrt.«

»Haben Sie es nicht erwartet? Doch, bestimmt, denn sonst hätten Sie mir ja nicht Ihre Nummer gegeben. Und wie gut, dass Sie es getan haben. Ich habe mich über Ihren Brief gefreut und darüber, dass ich heute, nach so langer Zeit, noch etwas bewirke. Bei Ihnen, in Deutschland.«

»Aber natürlich!«, bekräftigte ich. »Es dürfte Ihnen doch nicht entgangen sein, was für ein wichtiger Mensch Sie sind. Und nicht nur für mich.«

War die Reaktion ihrem Alter zuzuschreiben? Eine gewisse Sentimentalität, Trauer, Einsamkeit? Sie lebte seit Jahren zurückgezogen. Was wusste ich als junger Mann vom Alter, der Vergänglichkeit, des Sich-selber-Überlebens, wenn der Geist noch will, jedoch der Körper streikt. Ich glaubte damals noch dem öffentlichen Image, das Marlene für die Welt erfunden hatte und das sie ihr präsentierte.

Und das sie vehement aufrechterhielt. Aber in ihrer Stimme hörte ich etwas anderes.

»Sind Sie der Blonde links außen auf dem Foto?«

Ich nickte. »Genau der.«

»Dann sind Sie ja noch sehr jung. Mitte zwanzig, nehme ich an. Chapeau für Ihr politisches Bewusstsein. Und wer sind die anderen auf dem Bild?«

Ich erklärte ihr, dass es meine Freunde seien, eine bunte Truppe eigenwilliger Individualisten.

»Ich mag Sie und Ihre Freunde, auch wenn die Etikette etwas zu wünschen übrig lässt, bedenkt man den Anlass. Aber wir sind ja auch nicht in Hollywood. Und selbst da war es nur Publicity, aber das weiß inzwischen die ganze Welt. Steht ja auch in all den Büchern.«

Eine kurze Pause. Welche wichtige kluge Frage hatte ich parat? Wie oft hatte ich ein Gespräch mit ihr in meinem Kopf durchgespielt. Und jetzt? Das Kaninchen vor der Schlange? Nein, so fühlte es sich nicht an. Eher so, als ob mir all die Fragen, die ich mir irgendwann einmal zurechtgelegt hatte, in diesem Moment belanglos erschienen. Dass es wohl um etwas anderes ging als um den »ganzen Zirkus«. Ich sagte ihr genau das und zitierte sie aus dem Film »Marlene«.

»It's a circus, a whole circus.«

Sie lachte. »Ja, das ist das Leben allerdings. Warten Sie ab, bis Sie älter werden. Aber Sie scheinen mir bestimmt für etwas zu sein in Ihrer – wie soll ich es ausdrücken? – Forschheit. Ich habe viele solcher Menschen getroffen, vielleicht weil ich selbst einmal so war. Gebrauchen Sie diese Kraft, diese Eingabe, diesen Willen, denn leider ist diese Art von Energie nicht ewig, sie verbraucht sich.«

Ich verstand das damals noch nicht, mit Mitte zwanzig liegt das Leben noch vor einem, mit Mitte achtzig sind die Tage gezählt. Ich wusste nichts von der Sentimentalität, die einen Schleier über die Vergangenheit legen kann.

»Ich habe es genossen, wissen Sie, meine Arbeit während des Krieges. Natürlich nicht den Krieg, die Bomben, den Hunger, die Kälte. Aber die Menschen, die Männer, die Soldaten. Ich tat etwas Wichtiges, wenn ich sang, sie unterhielt. Ich gab ihnen Hoffnung, ich war ein kurzes Licht in der Dunkelheit.«

»Sie waren ihnen vor allen Dingen nah«, ergänzte ich. »Was gibt es Wichtigeres? Gerade im Krieg. Sie sind ja auch mir nah, schon seit langer Zeit, und das bilde ich mir nicht ein!«, platzte es aus mir heraus. »Es gibt Menschen, die anderen durch das, was sie tun, nah sind. Durch ihren Mut und ihre Konsequenz. Durch ihr Sein.«

»Was meinen Sie damit?«

»Nun, ich glaube, wir alle machen Fehler und handeln nicht immer richtig, aber Sie haben selber einmal gesagt, dass Sie gut sind, dass Sie glauben, ein guter Mensch zu sein. Und das beeindruckt und inspiriert mich.«

»Das Interview in Schweden«, erkannte sie.

»Ja, genau das meine ich. Außerdem haben Sie da etwas gesagt, was ich super fand. Das könnte mein Motto werden. ›If you dont know what you are doing, you should go home and do something else.‹«

Sie schmunzelte – zumindest stellte ich mir das vor. »Sie scheinen ja sehr direkt und auf ein Ziel gerichtet zu sein. Was möchten Sie denn mit Ihrem Leben machen?«

Eine gute Frage, auf die ich keine genaue Antwort wusste. Ich war noch kein Visionär meiner Existenz. »Ich plane nicht wirklich, Madame, eigentlich blicke ich immer nur auf das nächste Ziel. Ich schreibe gerade an meiner Magisterarbeit, dann habe ich meinen Abschluss in Philologie.«

»Meinen Glückwunsch, aber wollen Sie Philologe werden? Das erscheint mir unwahrscheinlich und zu langweilig für einen künstlerischen Freigeist, wenn auch ehrsam.«

Ich lachte. »Weiß Gott nicht, das wäre mir nun wirklich zu trocken. Ich würde gerne ins Ausland gehen. In Paris war ich ja bereits, eine wunderschöne Stadt. Aber ›schön‹ beschreibt es nicht. Eine magische Stadt, in der ich mich, obwohl manchmal einsam, immer wohlgefühlt habe. Nie ganz allein.«

»Weil sie nicht der Einzige sind, der sich einsam fühlt. Da bleibt nach Paris nur New York.«

Ich stimmte ihr zu: »Genau das ist meine Idee für das nächste Jahr.«

»Passen Sie gut auf«, beschwor sie mich, »New York ist eine Illusion, aber das ist das ganze Leben. Glauben Sie nicht den Unsinn vom Tellerwäscher zum Millionär.«

»Ich will kein Millionär werden. Ich will etwas lernen, viele Menschen treffen und möglichst viel von dem verstehen, was ich noch nicht kenne.«

»Dann ist es die richtige Stadt für Sie, junger Mann, dann sollten Sie dort hingehen.«

Wer hätte gedacht, dass mich Marlene Dietrich darin bestärken würde, nach New York zu emigrieren und dort lange Zeit zu leben.

»Sie sind doch auch Make-up-Artist? Ich habe nie jemanden an mein Gesicht gelassen, kein einfacher Job.«

»Mussten Sie ja auch nicht, denn Ihre Technik war perfekt! Ich helfe nur Menschen, die das nicht selber können. Aber eine Ehre wäre es mir schon gewesen, Ihr Make-up zu machen.«

Sie schnaubte und sagte etwas, das ich nicht verstand. Es klickte in der Leitung und alles war für einen Moment ruhig am anderen Ende in der Avenue Montaigne Nummer 12. Dann klickte es erneut.

»Maria, bist du das?«

»Nein, hier ist Michael Reh, Frau Dietrich.«

»Das ist Maria auf der anderen Leitung, meine Tochter. Adieu, junger Mann. Wir sprechen bald.«

Sie legte auf. Es war 23:39 Uhr. Sie rief nie wieder an, aber das Gespräch mit der Frau, deren Mut und Gerechtigkeitssinn ich bis heute bewundere, habe ich nie vergessen.

3. GRETA, DIE GÖTTLICHE IM MÄNNERSCHUH

Bevor ich Ende des Jahres 1990 auf eigenen Wunsch und auf Anraten von Marlene nach New York zog, besuchte ich die Stadt einige Male, um ein Gefühl dafür zu bekommen, ob ich dort wirklich leben könnte. Mein erster Besuch fand im Dezember 1986 statt. Ich wohnte mit einem Freund in Yonkers, einer Kleinstadt, dreißig Minuten Bahnfahrt von der City entfernt.

Wir nahmen den Zug zur Grand Central Station. Als wir das legendäre Bahnhofsgebäude, das ich nur aus Filmen kannte, verließen, trat ich hinaus auf die 42. Straße, Ecke Fifth Avenue. New York, endlich! Die Wolkenkratzer über mir verblassten in dem dichten Schneetreiben und wir liefen von Geschäft zu Geschäft. Nicht um zu shoppen, sondern weil es so bitterkalt war, dass es kaum möglich war, sich länger als fünf Minuten im Freien aufzuhalten.

Ich sah nicht so viel bei diesem Besuch, denn der Winter hatte die Stadt im Griff. Also beschloss ich, im Frühjahr 1987 noch einmal hinzufliegen. Diesmal allein. Ich wohnte in einem alten Hotel am Washington Square Park im Village. Es war die Zeit vor der »Renovierung« New Yorks. Die Stadt war nicht das, was man als sauber oder gepflegt hätte bezeichnen können, aber das war mir egal. Ich hatte keine Ahnung, wo sich was befand, und lief auf gut Glück und ohne Stadtplan kreuz und quer durch die Stadt. Von Chinatown nach Little Italy, Soho, von Chelsea bis hin zum Central Park, den ich allerdings nur bei Tag betrat, denn dort sollte es nachts nicht sicher sein. Times Square und die 42. Straße waren Rotlichtmilieu. Harlem ließ ich lieber aus und nach Brooklyn wollte damals noch kein Mensch, denn es war nicht New York.

Manhattan, das war New York!

Ich blieb zehn Tage und konnte abends kaum in meinem durchgelegenen Bett schlafen, weil mir die Beine vom Laufen wehtaten und mein Kopf keine Ruhe fand. Zu viele Eindrücke, meine Begeisterung kannte keine Grenzen. Hier und nirgendwo anders wollte ich leben!

Am Sonntagmorgen stand ich früh auf, es war mein vorletzter Tag. Ich ging die Fifth Avenue hinauf, es war schon warm, aber noch diesig, die Wolken hingen tief und schwer über der Stadt. Es war erst 9 Uhr und im Gegensatz zu der bekannten Schlagzeile schlief die

Stadt dann doch irgendwann. Oder zumindest die Menschen, die in ihr wohnten. In einem Deli kaufte ich mir einen »Coffee to go« und einen Bagel. Die meisten Geschäfte hatten noch geschlossen und es waren nur wenige Menschen unterwegs. An der 23. Straße bog ich Richtung Sixth Avenue ab; ich wusste, dass dort im Flower District am Wochenende Flohmärkte stattfanden. Vielleicht fand ich ein Souvenir, etwas, das ich mit nach Deutschland nehmen konnte.

Der Flohmarkt war zu dieser frühen Stunde spärlich besucht und ich schlenderte durch die Reihen, einige Händler packten gerade ihre Ware aus. Sie kannten sich, manche redeten miteinander. Es herrschte eine sehr eigene, persönliche, friedvolle Stimmung, »a moment in time«. Ich sah mir die Möbel an, die dort ausgestellt waren, Second-Hand-Klamotten vom T-Shirt bis zum Pelzmantel, Nippes, Bücher und Schallplatten. Ich war auf der Suche nach alten Bildbänden, schon damals faszinierte mich die Fotografie.

Hinter einem der wackeligen Tische, auf dem Bücher und einige Bilder auslagen, stand ein älterer Mann, der mich an Anthony Quinn in dem Film »Alexis Sorbas« – Originaltitel »Zorbas the Greek« – erinnerte. Ich nickte ihm zu, woraufhin er sich kurz an die Mütze tippte, ohne sich dabei stören zu lassen, vermeintliche Kunstgegenstände aus dem sie schützenden Zeitungspapier auszuwickeln und auf den Tisch zu stellen. Ich sah mir die Bücher an, blätterte Bildbände durch, aber da war nichts, was mich wirklich fesselte. Neben den Büchern hatte »Zorbas« einige Zeichnungen und Gemälde ausgestellt. Ich hatte noch immer meinen »Coffee to go« in der Hand, was er missbilligend registrierte. Als ich den halb vollen Pappbecher auf den Boden stellte, fiel mein Blick auf ein Bild, ein Ölgemälde. Es befand sich in einem seltsam geschnitzten Holzrahmen, der mit kleinen goldenen Elementen versehen und ungefähr 25 mal 40 Zentimeter groß war. Das Motiv erinnerte mich an Norddeutschland. Wenn man vom Moor über Schölisch in Richtung Stade fährt, sieht man vor sich ein weites Feld, ein Waldgebiet und in der Ferne den Turm einer Kirche. Mir schien, als hätte der Maler genau an dieser Stelle seine Staffelei aufgestellt, als er dieses Bild malte. Ich war fasziniert.

Neben mir stand eine ältere Dame und blätterte in einem Buch. Sie trug eine Mütze auf ihrem grauen Haar, eine Sonnenbrille und trotz der frühsommerlichen Wärme einen Mantel.

»Wissen Sie, wer das Bild gemalt hat oder woher es kommt?«, fragte ich Zorbas, aber der schaute an mir vorbei und schüttelte den Kopf. »Was soll es denn kosten?«

»Vierzig Dollar.«

Nicht gerade günstig für ein altes Bild auf dem Flohmarkt, aber wir waren ja auch in New York. Ich hatte nur fünfunddreißig Dollar dabei, eine Kreditkarte besaß ich nicht und Bankautomaten waren nicht in der Nähe.

»Ich gebe Ihnen dreißig.«

Er schüttelte den Kopf.

Feilschen war nie meine Stärke gewesen, aber ich wollte dieses Bild unbedingt haben. Mit fragendem Blick wandte ich mich an die Frau neben mir, die das Geschehen aus den Augenwinkeln verfolgte.

»Was meinen Sie? Ist es vierzig Dollar wert?«

Sie schaute durch die dunkle Sonnenbrille auf das Gemälde. »Woran erinnert es Sie?«

»An eine Gegend, die ich sehr mag.«

»An zu Hause?«

Ich schüttelte verneinend den Kopf, mein Blick auf das Gemälde gerichtet. »Nein, mein Zuhause ist eine industrielle Gegend in Deutschland. Eher an Heimat.«

»Mögen Sie es denn?«

Ich sah die alte Dame an und hörte einen Akzent heraus, wenn sie sprach.

»Ja, natürlich. Sind Sie auch aus Europa?«

Sie nickte nur und sagte: »Kaufen Sie es, für Sie ist es die vierzig Dollar jetzt schon wert.«

»Ich habe aber nur fünfunddreißig dabei.«

Die Frau sah Zorbas an, der unser kurzes Gespräch aufmerksam verfolgt hatte. Er nickte, streckte die Hand aus und sagte: »Fünfunddreißig sind okay.«

Ich freute mich sehr, schaute die alte Dame an und für einen Moment schien sie mir vertraut, bekannt, die Stimme hatte ich schon einmal gehört. Sie schien es zu bemerken.

»Vielen Dank für die Beratung.«

Sie nickte kurz, drehte sich um und stieß mit ihrem Schuh gegen meinen Kaffeebecher, der daraufhin überschwappte. Sie hatte große Füße und trug Herrenschuhe.

»Sorry« war alles, was sie sagte.

»Das macht nichts, hoffentlich ist nichts auf Ihre Schuhe gekommen.«

Sie verneinte kurz und eilte mit großen Schritten durch die Reihe Richtung 25. Straße.

Gemächlich packte Zorbas das Bild in Zeitungspapier ein und zog an seiner Zigarre, die ich bis dahin nicht bemerkt hatte. Der Anflug eines Lächelns erschien auf seinem Gesicht. Es konnten nicht die fünfunddreißig Dollar sein. Ich sah ihn fragend an.

»Sie kommt seit Jahren häufiger sonntagmorgens hier vorbei. Gekauft hat sie noch nie etwas. Das war das erste Mal, dass sie gesprochen hat.«

»Dann kennen Sie sich und sie hat nicht Guten Morgen gesagt?«

»Das muss sie auch nicht. Sie mag es, wenn man sie in Ruhe lässt, das ist allgemein bekannt und wir respektieren das hier auf dem Flohmarkt.«

Ich nickte verständnislos und er begriff, dass ich nicht wusste, mit wem ich da gerade gesprochen hatte.

Die Augen in dem zerfurchten Gesicht blitzten. »Die Garbo spricht wenig und vor allem nicht mit jedem.« Er reichte mir das Bild.

Es befindet sich noch immer in meinem Besitz und es war und ist seine fünfunddreißig Dollar bis heute wert. Genau wie die Garbo es mir versprochen hat.

4. AUF WOLKE SIEBEN MIT EARTHA KITT. ODER: WAS ICH VON EINER STRICKENDEN FRAU ÜBER DEN WOLKEN LERNTE.

»Das nächste und letzte Lied des Abends widme ich meinem jungen deutschen Freund dort am Tisch, den ich schon verloren glaubte, nachdem ich mit ihm über den Wolken schwebte. Aber wie wir alle zu Beginn des Abends gehört haben, ist er, nachdem er mich traf, später ganz einfach in den falschen Flieger gestiegen. Der Beweis dafür, dass ich meine Faszination auf Männer noch nicht verloren habe.«

Eartha Kitt fauchte wie eine Katze, legte den Kopf in den Nacken und lachte. Vor lauter Aufregung wäre ich beinahe im Erdboden versunken. Sie sah mich von der kleinen Bühne aus an und ich spürte, was sie meinte, ohne dass ein Ton über ihre Lippen hätte kommen müssen.

»My dear, das ist ein besonderer Moment und ich widme nicht jedem ein Lied, wenn ich auftrete. Also genieß es lieber, es ist eine Ehre.« Sie schloss die Augen und die Band spielte die ersten Takte des Songs.

Wie war es zu diesem Moment gekommen? Warum widmete mir die legendäre Eartha Kitt, damals bereits Mitte sechzig, ein Lied in diesem Nachtclub in New York im Winter des Jahres 1992?

Zwischendurch bemerkt: Wer Eartha Kitt (noch) nicht kennt, ist selber schuld.

Sie war, neben vielen anderen Dingen, vor allem eins: eine der besten Live-Cabaret-Performerinnen, die ich je in meinem Leben gesehen habe. Und da gab es einige. Liza Minelli, Bette Midler, Patti LuPone oder Ute Lemper, um nur ein paar zu nennen. Diese Damen wissen, was sie tun! Alle grandios, einzigartig, stimmlich, musikalisch und menschlich gewaltig. In kleinen Clubs oder in der Radio City Music Hall – da passen immerhin siebentausend Leute rein – ziehen sie das Publikum in ihren Bann.

Aber Eartha Kitt war sehr besonders, eine ziemlich eigene und professionelle Performerin. Und dazu eine eigenwillige und politische Persönlichkeit, die nicht nur im Angesicht von Rassismus und dem Vietnamkrieg eindeutig die Hand, ja den ganzen Arm hob und, eben wie Marlene, ganz klar »Nein« sagte. Egal ob es ihrer Karriere diente oder nicht. Das tat es übrigens nicht, denn sie bekam unerwünschten Besuch von der CIA, als sie sich bei einem Lunch im Weißen Haus gegen den Krieg aussprach!

Ich sah und traf sie das erste Mal in Hamburg. Eartha hatte gerade ein Comeback hinter sich. »Comeback« ist das falsche Wort, sie musste nicht »zurückkommen«, denn sie war ja nie weg gewesen. Und wenn, dann nur aus der Augenreichweite des Massenpublikums. Sogenannte »Comebacks« dienen der Industrie nur dazu, einen Künstler »neu« zu definieren oder – einfacher gesagt – neu zu vermarkten, obwohl der ganz einfach nur das macht, was Künstler tun oder tun sollten: sich verändern, neue Wege gehen und das Talent, über das sie oder er verfügt, auf bisher nicht gelenkten Bahnen einzusetzen. Eartha Kitt war Tänzerin, Schauspielerin, Sängerin, Entertainerin. Seit 1984 hatte sie einige Discosongs aufgenommen, die nicht nur in den USA und in England, sondern auch in Deutschland zu Hits wurden. Vor allem die Songs »Where is My Man« und »I Love Men«. Sie hatte somit den Sprung in ein neues Genre geschafft, die Discomusik, die inzwischen »Clubmusic« hieß, und dadurch auch eine neue Fangemeinde gewonnen: die schwule Community in der ganzen Welt.

Wie sollte das auch anders sein bei einem Titel wie »I Love Men«?

Trotz des weltweiten Erfolges trat Eartha, ganz wie ihr Name es bereits vermuten lässt, in einem kleinen Cabaret in der Hamburger City in der Nähe des Chilehauses auf, dem Macadam. Sie kannte die Besitzer, hatte es ihnen versprochen, und da stand sie nun für einige Abende auf der kleinen Bühne in einem Theater mit vielleicht zweihundert Plätzen. Ein Freund von mir, Cornelius Ahlsen, hatte mich mitgenommen. Ich modelte damals und studierte seit Jahren in Hamburg. Cornelius kam, im Gegensatz zu mir, aus der Hansestadt und noch dazu aus guten Kreisen. Er hatte das charmanteste Lächeln, das man sich vorstellen kann, und kannte Gott und die Welt. Unter anderem die Besitzer des Macadam und Eartha Kitt. Als stoischer Kellner stand er für eine Szene mit ihr auf der Bühne; sie umgarnte ihn, aber Cornelius schaffte es, wirklich keine Miene zu verziehen.

Im Anschluss an die grandiose Vorstellung nahm er mich mit hinter die Bühne. Da stand sie vor mir. Klein und für meine damaligen noch etwas reduzierten Lebenserfahrungen – ich war Mitte zwanzig – ziemlich alt. Aber drahtig und supergut durchtrainiert.

Was mich an Eartha, aber auch an anderen »Celebrities« wirklich fasziniert, ist der Moment, wenn ich hinter der öffentlichen Fassade den Menschen erkenne. Wenn sie mir in die Augen schauen, mich begrüßen und mir für den Moment das Gefühl geben, mich zu sehen. Amerikanische Performer machen das großartig. Selbst Barack Obama schließe ich hier mit ein, dem ich einmal auf einer Charity-Veranstaltung die Hand schütteln durfte. Er nahm sie, sah mich an und umschloss dann für einen Moment mit der anderen Hand meinen Unterarm. Einstudiert, perfekt und tausendmal in die Tat umgesetzt. Schlagartig fühlte ich mich besonders, angenommen, gesehen. Und darum ging es in diesem Moment. Ich und Barack gegen den Rest der Welt, für eine Millisekunde. Ganz großes Kino!

Iris Berben verfügt über diese Gabe, ebenso wie Liza Minelli und Pamela Anderson.

Madonna kann leider nicht damit aufwarten!

Mitte der Neunzigerjahre war ich mit Randolph Duke, dem damaligen Designer der legendären Modemarke »Halston«, im Delano Hotel in Miami Beach. Ich hatte Rebecca Romijn für seine neuesten Kreationen geschminkt. Sie wurde Schauspielerin und übernahm später unter anderem die Rolle der »Mystique« in den ersten X-Men-Filmen. Tolle Frau, genau wie ihre Kollegin Famke Janssen, die auch vom Model zur Schauspielerin avancierte und in den X-Men-Filmen als »Jean Gray« großes Kino machte. Tolle Frau, mit der ich ein paar Jahre zuvor an meinem Geburtstag mit dem Helikopter von New York auf die Hamptons flog, um für »Lord & Taylor« Werbung zu fotografieren. Verrückte Welt! (Da gab es noch Geld für Fotografie). Famke! Schön, niederländisch, talentiert und bis heute dabei.

Im Delano fand während unserer Anwesenheit eine Vernissage statt. Calvin Kleins Ehefrau Kelly versuchte sich als Fotografin. Gott, die Welt und Madonna erschienen. Letztere am Arm von Bruce Weber und in voller »Evita«-Montur, vom Hut mit Schleier bis hin zu den Pumps mit Blumenimitat. Randolph kannte die Bagage und somit wurde auch ich Madonna vorgestellt. Zum zweiten Mal in meinem Leben. Warum sollte sie sich an mich erinnern?, dachte ich. Es gab keinen Grund, und so war es auch. Sie reichte mir ihre weiche, behandschuhte Hand und sah durch mich hindurch. Ich war weder ihr Typ noch war ich wichtig noch sonst irgendwas. Genau wie bei unserem ersten Treffen anlässlich einer Party in New York zum Erscheinen ihres Buches »SEX«. Bis heute unerreicht in seiner Provokation. Madonna ist eine tolle Songschreiberin. »Masterpiece« ist einer meiner Favoriten. Aber nahbar und teilnehmend, nein, so habe ich sie nie empfunden.

Ein knappes Jahrzehnt vor dem Ereignis im Delano stand Eartha nach ihrem Konzert im Macadam vor mir, reichte mir trotz Pumps gerade bis zur Brust, lachte, gurrte und nahm mich kurz in den Arm. »Ah, ein Freund von Cornelius ist auch ein Freund von mir.« Ein kurzer Moment! Ich war geadelt, sie drehte sich um und begrüßte die nächsten Freunde und Fans in der Garderobe.

Ich war »in Love«. Wenn jemand auf der Bühne steht und mich durch seine Performance berührt, empfinde ich eine Nähe, eine tiefe menschliche Liebe für diese Person, die für gewöhnlich nichts davon weiß. Das macht aber auch nichts, denn das Gefühl, das ich in mir spüre, reicht mir.

Nach diesem Abend kaufte ich mir in einem Second-Hand-Laden Schallplatten von Eartha Kitt und hörte tagelang ihre Klassiker. Von »C'est Si Bon« über »Santa Baby« bis hin zu »Just An Old Fashioned Girl«. Der letzte Song belustigte mich stets an der Stelle, an der sie beschreibt, dass das Kinderzimmer ihres Hauses »soundproof«, also lärmgeschützt ist, damit ihr Baby nicht wach wird, wenn sie ihr Geld zählt. Herrlich, komisch, ironisch. Immer der Unterton an der Oberfläche, genau mein Humor.

Apropos »Santa Baby«, jetzt höre ich bei einigen den Groschen fallen. Genau, das ist Eartha Kitt!

Einige Zeit später gab es im deutschen Schauspielhaus in Hamburg eine Gala, eine Hommage zu Ehren von Marlene Dietrich. Ganz großes Damentennis: Juliette Gréco, Hana Hegerová, Gisela May, Ingrid Caven und natürlich Eartha Kitt. Ingrid Caven, die ich später in New York in ihrem Nightclub-Act erleben durfte – genial übrigens –, kam auf die Bühne, wie alle in Schwarz gekleidet. Mit einer Frisur, die aufgrund der Farbe und der Struktur an David Bowie erinnerte. Ich verstand die Caven damals nicht. Manche Dinge brauchen Zeit!

Aber Eartha. Sie strahlte, glitt in hellen Pumps und weißem Perlenkleid über die Bühne, brachte eigenwillige Interpretationen von »Johnny« und »The Boys in the Backroom« zum Besten und hatte offensichtlich viel Spaß. Sie war fantastisch, wickelte das Publikum um den Finger und nahm der Veranstaltung den tierischen deutschen Ernst. Cornelius war diesmal nicht dabei und ich kam nicht hinter die Bühne, denn Eartha sah mich trotz frenetischen Winkens in der vierzehnten Reihe des Schauspielhauses nicht.

Ich speicherte meine Begegnung mit Eartha in einer Schublade meines Hirns und war fort und auf zu neuen Ufern: Paris, dann New York. Überall begegnete ich tollen Leuten, gerade in New York, eine neue und ganz andere Liga. Ich arbeitete auch weiterhin für deutsche Kunden und flog im Herbst 1992 von New York nach San Francisco. Ein Job für Peek & Cloppenburg, gut bezahlt, aber das spielte nicht die erste Geige in meinem Lebensorchester. San Francisco war herrlich, damals noch kein sozialer Brennpunkt in den USA. Tolle Locations, wunderbare Nightclub-Acts und wir wohnten im Fairmont Hotel auf dem Nob Hill. Es war fantastisch! Bill Clinton wurde zum Präsidenten gewählt und die Party der Demokraten fand im Hotel statt.

Drei Tage später flog ich zurück nach New York. Das Taxi war spät dran, der Feierabendverkehr zum Flughafen wie aus einem schlechten Film, obendrein Dauerregen. Wir kamen viel zu spät an und ich ging einfach an den Erste-Klasse-Schalter, um den Flug nicht zu verpassen. Gleich am nächsten Morgen wartete ein Anschlussjob in New York auf mich. Ein Erste-Klasse-Ticket koste zweihundert Dollar mehr, erklärte mir die Dame am Check-in. Ich überlegte nicht lange. Es war ein »Red Eye«-Flug, also ein Flug über Nacht, bei dem man am nächsten Morgen mit roten und übermüdeten Augen den Flieger verließ. Vom steifen Nacken ganz zu schweigen, und damals durfte während der Flüge auch noch geraucht werden. Hinzu kam in diesem Fall ein Zwischenstopp von zwei Stunden in Dallas, weiß der Himmel, warum. Egal, da musste ich durch. Ich schnappte mir meine silberne Zarges-Box, in der mein Make-up untergebracht war, und nahm mein Ticket entgegen, das schnell noch mit der Hand umgeschrieben worden war.

Für alle, die nie erster Klasse geflogen sind: Das ist bei den europäischen Fluggesellschaften wirklich was Tolles, kostet ein Vermögen und ich habe es selten erlebt. Bei den US-Fliegern ist es nicht ganz so prickelnd. Man hat einen breiteren Sitz, das Essen kommt auf Porzellan und die Flugbegleiter sind etwas netter. So wie in der Business Class bei der Lufthansa, wenn man Glück hat!

Ich war, wie gesagt, spät dran und stürzte als Letzter in den Flieger. Erste Reihe, Gangplatz. Neben mir am Fenster eine ältere Frau mit einem Barett auf den dünnen Haaren, Brille auf der Nase, kein Make-up. Sie strickte, sah kurz auf und musterte mich ungnädig, denn sie hatte wohl erwartet, dass der Platz neben ihr frei bleiben würde. Ich quetschte meine Zarges-Box in das kleine Fach über dem Sitz und ließ mich lautstark in die etwas derangierten Polster fallen. Uff, here we go, dachte ich, immerhin hatte ich den Flieger nicht verpasst. Ich spürte den Unmut der strickenden Dame neben mir, deren Ruhe ich offensichtlich störte. Die Stewardess sah mich an und fragte, ob ich ein Glas Champagner wolle. Ich schüttelte den Kopf, ich habe es ja nicht so mit Alkohol. Aber vielleicht konnte ich meine Nachbarin, vor der bereits ein Glas stand, für die nächsten Stunden über den Wolken beschwichtigen. »Vielleicht möchte die Dame neben mir noch ein Glas, bevor es losgeht.«

Endlich wandte ich mich zu ihr um und sagte: » Es tut mir leid, ich wollte Ihnen wirklich keine Umstände machen. Ein Glas Champagner?«

Sie legte das Strickzeug zur Seite, nahm die Brille ab, nickte und gurrte: »Bevor wir alle sterben, warum nicht, junger Mann!«

Mir klappte die Kinnlade herunter, ich starrte sie an, ein breites Grinsen erschien auf meinem Gesicht und ich polterte in einer für mich eher untypischen Weise los: »Oh mein Gott, Miss Kitt! Wie geht es Ihnen? Ich habe Sie im ersten Moment gar nicht erkannt. Das ist ja ein Zufall!«

Wie hätte ich sie auch – strickend, mit Kopfbedeckung, ohne Perücke und Make-up – erkennen können, ohne genau hinzusehen! Ich sah die Stewardess an und sagte: »Lassen Sie die Flasche gleich hier, das muss gefeiert werden. Es ist ja Jahre her!«

Die Stewardess verdrehte die Augen, schenkte Eartha nach, stellte mir ein volles Glas hin und nahm die Flasche vorsichtshalber wieder mit.

Eartha musterte mich skeptisch, entschied sich dann jedoch, die Sache mit Humor zu nehmen, sie lachte. »Offensichtlich kennen wir uns. Aber ich habe nicht den geringsten Schimmer, wer Sie sind, junger Mann.«

»Sie sind doch vor einigen Jahren im Macadam aufgetreten, in Hamburg! Da wurden wir einander vorgestellt. Cornelius, der Kellner auf der Bühne, erinnern Sie sich?«

Ein Lächeln huschte über ihr Gesicht. »Ah, Cornelius, ja, er hat keine Miene verzogen.«

»Genau der!«

Sie hob entschuldigend die Schultern. »Macht ja nichts, nun sitzen wir ja hier.«

Der Flieger hob ab und wir bekamen, nachdem wir die Reiseflughöhe erreicht hatten, ein weiteres Glas Champagner. Eartha taute auf, legte das Strickzeug erneut zur Seite und sah mich an: »Was haben Sie in San Francisco gemacht?«

Ich erzählte ihr, dass ich in New York lebte und als Make-up-Artist arbeitete, und sah sie an.

»Sie haben einen durchdringenden Blick, junger Freund, gut für den Job. Ich mache mein Make-up meistens selbst. Wie Sie sehen, nicht am heutigen Abend.«

»Sie stehen ja auch nicht auf der Bühne. Und nicht geschminkt zu sein, tut Ihrer Person keinen Abbruch. Und entschuldigen Sie meinen Röntgenblick. Berufskrankheit!«

Ich sagte nicht »Schönheit«, denn wirklich schön war Eartha Kitt nicht. Aber was für eine Persönlichkeit, was für ein Charme! Kein Wunder, dass Orson Welles, der geniale Regisseur von »Citizen Kane« und »A Touch of Evil«, Eartha einmal als »erotischste Frau der Welt« bezeichnet hatte. Ich fragte sie, wie es gewesen sei, mit einem Genie wie ihm zu arbeiten.

Erstaunt sah sie mich an. »Davon wissen Sie? Sie sind doch sehr jung und das Ganze ist über dreißig Jahre her! Wahrscheinlich war es vor Ihrer Geburt.«

»Was der Sache keinen Abbruch tut. Selbst Marlene meinte, wir sollten uns bekreuzigen, wenn wir seinen Namen erwähnen. Und die muss es ja wissen.«

»Sie kennen Marlene? Saßen Sie mit der auch einmal in einem Flieger?«

Ich lachte laut auf, was der Mann, der hinter uns saß, missbilligend registrierte. »Nein, aber wir haben vor einigen Jahren miteinander telefoniert.«

Ich berichtete kurz von dem Gespräch und meiner Bewunderung für Marlenes politischen Mut und ihre Zivilcourage. »Über die verfügen Sie ja auch, wenn ich mich recht erinnere. Sich im Weißen Haus in Anwesenheit der Gattin des Präsidenten gegen den Vietnamkrieg auszusprechen – Hut ab! Das haben auch nicht viele getan.«

Sie seufzte auf. »Ja, und das hat meiner Karriere eher geschadet. Ich wurde zur ›Persona non grata‹ erklärt, die CIA hat mich verfolgt und mich als Nymphomanin denunziert. Jahrelang konnte ich nur in Europa arbeiten. Amerika ist ein Land voller Widersprüche.«

»Kein Wunder, ich liebe Amerika, bin gerade selbst Staatsbürger geworden, aber es ist nach wie vor ein rassistisches Land. Furchtbar!«

Sie nickte. »Wissen Sie, dass ich früher aus der ersten Klasse rausgeschmissen wurde, obwohl ich ein entsprechendes Ticket hatte? Und das war in den Fünfzigerjahren nicht unbedingt preisgünstig.«

Meine Kinnlade machte sich zum zweiten Mal an diesem Abend selbstständig. »Das ist nicht Ihr Ernst.«

»Doch, durchaus! Ich wurde als schwarz, als Mischling, sogar als gelb bezeichnet, Rassismus kenne ich gut und habe ihn oft genug am eigenen Leib erfahren. Ein Grund mehr, heute erster Klasse zu fliegen. Und warum ich Europa so mag? Dort ist es egal, was du für eine Hautfarbe hast, wenn du auf der Bühne stehst. Da zählt dein Können und das, was du lieferst. Außerdem habe ich nie den Drive verloren, weiterzumachen. Negative Menschen darf man nicht in sein Leben lassen, und wenn sie sich doch reinschleichen, muss man auf der Hut sein und sie so schnell wie möglich eliminieren. Sehen Sie, das ist eine Sache, die ich an den Deutschen mag. Sie haben im Zweiten Weltkrieg den größten Mist gebaut, das kann man nicht schönreden und schon gar nicht vergessen. Und das tun die meisten Deutschen auch nicht, sie erinnern sich und die Welt immer wieder an den Holocaust und ihr totales Versagen. Und sie gehen noch einen Schritt weiter und versuchen, etwas zu ändern. In Deutschland wurde ich nie diskriminiert.«

»Ich hoffe nicht, da haben Sie zahllose Bewunderer und sind ein Star. Auf der Marlene-Hommage im Deutschen Schauspielhaus waren Sie unangefochten die Beste, Juliette Gréco hin, Gisela May her. Es war ein toller Abend, dem Sie einen ganz besonderen Touch Glamour hinzugefügt haben. Von Ihrem Humor ganz zu schweigen.« Ich überlegte kurz. »Obwohl und gerade weil Sie mit Marlene nichts gemeinsam haben, weder vom Image noch vom Äußeren. Sie verbindet eher die Zivilcourage, der Glamour, die Nahbarkeit und die Gabe, den Deutschen ihren tierischen Ernst zu nehmen.« Ich nahm jetzt doch einen Schluck von dem Champagner und prostete ihr zu. »Ich trinke auf Ihr Wohl, Miss Kitt. Allein schon für das eben Genannte gilt Ihnen meine Bewunderung. Außerdem tun Sie ja auch viel für die Gay-Community, das haben Sie dann mit Elizabeth Taylor gemeinsam.«

Eartha lachte, der Anflug eines Strahlens schimmerte in ihren Augen, als sie mich ansah. »Das freut mich sehr! Mit Marlene verglichen zu werden, und das nicht wegen der Beine – was kann es Besseres geben. Und Liz Taylor gleich danach!«

»Ihre Beine können sich durchaus sehen lassen, wenn ich mir die Bemerkung erlauben darf. Einmal Tänzerin, immer Tänzerin.«

Offensichtlich war sie erstaunt, dass ich so viel über sie wusste.

»Ich habe selbst mal getanzt, erst auf dem Gymnasium und dann in einer Gruppe. Bis zu einem Vortanzen bei Pina Bausch habe ich es geschafft, aber die merkte schnell, dass mir der Sinn fürs Tanztheater fehlte. Vielleicht für das Theater im Allgemeinen.«

Es fiel mir schwer, das einzugestehen. Ich war ja auf der Schauspielschule, wusste aber damals bereits, dass es mit meiner Motivation nicht zum Besten stand.

»Sie haben mich im Macadam einfach beeindruckt und ich habe dann versucht, mehr über Sie zu erfahren. Erst neulich habe ich endlich diese wunderbare Dokumentation über Sie gesehen. ›All by Myself‹, sie lief im Quad Cinema im Village.«

»Ach, das wusste ich gar nicht.«

»Doch, volles Haus und Applaus nach dem Film. Das ist ja das Tolle an Künstlerinnen, wie Sie es sind. Sie wirken immer weiter, auch noch Jahre, nachdem Sie etwas gemacht haben. Starqualität.«

Ich redete naiv und wie mir der Schnabel gewachsen war und fand es ganz natürlich, mit Eartha Kitt über den Wolken zu schweben. Sie hatte das alles schon tausendmal gehört, unter anderem von Orson Welles. Daneben zählte mein Urteil nicht unbedingt, aber es war ehrlich gemeint und kam aus meinem tiefsten Herzen. Ich habe es auch danach noch öfter erlebt, wenn mir Talent, Hingabe und Können begegneten. Bis heute kommt da ein Gefühl in mir hoch. Eine Mischung aus Liebe, Bewunderung und tiefster Verbundenheit mit meinem Gegenüber. Ich selber wurde im Laufe meines Lebens kein übermäßig talentierter oder begnadeter Künstler auf einem besonderen Gebiet. Leider. Aber ich freue mich mit einer großen Bewunderung, wenn ich einem solchen Menschen gegenüberstehe.

Eartha schien das Kompliment zu gefallen. Sie nahm ihr Strickzeug wieder auf und erzählte, dass sie nach New York fliege, um dort Vorstellungen in einem Nachtclub zu geben.

»Sie sollten kommen, wenn Ihnen gefällt, was ich tue.«

»Ich bin der Erste, der mit von der Partie ist und rote Rosen auf die Bühne werfen wird.«

Sie lachte und drückte dann kurz meine Hand. »Junger Freund, verlieren Sie bitte nie diesen herrlichen naiven Positivismus, er tut gut. Und nie Ihren Drang, immer weiterzugehen in diesem Leben. Es ist kurz genug. Geben Sie mir nachher Ihre Anschrift, dann lasse ich Ihnen ein Ticket reservieren. Meine Shows sind nicht günstig.«

Ich verneigte mich so weit, wie das im Sitzen möglich war.

Plötzlich nahm sie meine Hand.

»Erlauben Sie mir.«

Es war keine Frage. Sie betrachtete die Innenfläche. Lebenslinien. Ich kannte das von meiner Großmutter, die mir auch öfter aus der Hand gelesen hatte, und es verwunderte mich nicht weiter. Eartha schwieg für einen Moment, sah mich dann kurz an und richtete den Blick aus dem Fenster. Was hatte sie gesehen?

»Etwas ist früh in Ihrem Leben zerstört worden und es lässt sich auch nicht mehr reparieren. Ich weiß, wovon ich spreche.«

Ich wusste genau, was sie meinte. Ohne Worte trafen wir uns auf der gleichen traumatischen Erinnerungsebene unserer Kindheit. Die Heilung dieser tiefen Wunde in meiner Seele sollte noch sehr lange andauern, fast dreißig Jahre.

»Aber Sie werden es überstehen, es ist der tiefe Wunsch, weiterzumachen, der uns nach vorne bringt, der uns leben lässt.«

Ich schwieg, denn es gab nichts, was ich darauf hätte erwidern können. Noch einmal drückte sie meine Hand und lächelte.

»Ich weiß, wovon ich spreche«, wiederholte sie. »Geben Sie niemals auf!«

Aus den Lautsprechern drang die Stimme des Piloten. Wir befanden uns im Landeanflug auf Dallas.

»Ach, dieser lästige Zwischenstopp! Ich werde für einen Moment die Augen zumachen.« Eartha nickte mir zu, und bevor wir in Dallas landeten, war sie eingeschlafen. Bis zum Weiterflug hatte ich neunzig Minuten Zeit. Kurzerhand beschloss ich, den Flieger zu verlassen, um mir den Flughafen anzuschauen und ein Geschenk für Eartha zu besorgen. Ich ließ meinen Make-up-Koffer und meine Jacke an Bord, verließ das Flugzeug und fand nach einigem Suchen eine Flasche Champagner. Veuve Clicqout, sündhaft teuer, aber das war mir Eartha Kitt wert.

Nach einer Stunde kehrte ich an das Gate zurück, schaute nicht weiter auf die Anzeigetafel und setzte mich auf meinen Platz. Die Flugbegleiterin sah mich skeptisch an. Wo war Eartha? Der Platz neben mir war leer, vielleicht war sie auf der Toilette. Ich schnallte mich an und einen Moment später war der Flieger in der Luft. Von Eartha keine Spur. War sie krank geworden, hatte sie den Flieger verlassen? Was war los? Die Flugbegleiterin kam zu mir und fragte mich in einem breiten texanischen Akzent, ob das mein Platz sei? Verständnislos sah ich sie an.

»Natürlich, hier ist mein Ticket! Wo ist Eartha?«

»Eartha? Welche Eartha?«

Sie schaute auf mein Ticket, schüttelte missbilligend den Kopf, sah die Flasche Champagner auf meinem Schoß. »Sind Sie betrunken?«

Also wirklich, was für eine unverschämte Frage! Erneut ein Blick auf das Ticket und die Champagnerflasche, dann ein gequältes Lächeln.

»Sie sind im falschen Flieger, Sweetheart. Ihr Ticket geht nach JFK, wir hingegen fliegen nach Newark.«

Bis heute weiß ich nicht, wie das passieren konnte. Entweder war ich zum falschen Gate gelaufen oder man hatte den Flieger ausgetauscht. Vielleicht hatte ich auch meinen Verstand verloren. Ich schnellte hoch und öffnete die Luke über dem Sitz. Leer. Meine Jacke und mein Make-up-Koffer – verschwunden! Das konnte ja heiter werden, ich musste schließlich in ein paar Stunden mit dem Equipment arbeiten. Jetzt wurde ich doch unruhig und sank verstört auf meinen Platz. Immer noch irritiert erzählte ich der Flugbegleiterin meine Geschichte.

Die Dame in Uniform hatte plötzlich Mitleid mit mir und öffnete ihr kaltes Herz. »Beruhigen Sie sich erst einmal. Es gibt für alles eine Lösung und immerhin fliegt Ihr Koffer in die gleiche Stadt. Den kriegen wir schon wieder.« Sie tätschelte mir die Schulter. »No problem, Sweetheart. Ich kümmere mich darum.«

Sie merkte offensichtlich, dass es nur wenige Situationen gab, die mich aus der Ruhe bringen konnten, aber genau das geschah in diesem Moment.

Natürlich bekam ich auf dem Flug kein Auge zu und erreichte trotz erster Klasse, in der ich bleiben durfte, mit roten Augen New York. Mein rettender Engel aus Texas hatte nach der Ankunft über das Bordtelefon erreicht, dass mein Gepäck inklusive Zarges-Box per Kurier ins Studio gebracht wurde.

»Es lohnt sich doch, erster Klasse zu fliegen«, meinte sie augenzwinkernd.

Ich war ihr mehr als dankbar und drückte ihr die Flasche Champagner in die Hand.

»Oh nein, die geben Sie Eartha Kitt, wenn Sie ihr Konzert besuchen. Ich bin schon seit Jahren trocken und werde es auch bleiben. Viel Glück, Sweetheart!«

Ich war jung genug, um an diesem Tag vollkommen übermüdet meinen Job zu machen. Leider hatte Eartha meine Adresse nicht und fragte sich vielleicht, wo ich geblieben war.

Einige Wochen später sah ich die Anzeige für ihren Auftritt in der Sonntagsausgabe der New York Times. Eine Stunde später kaufte ich mir ein Ticket, das teuerste und beste, das es gab. Achtzig Dollar, ein Vermögen.

Zwei Wochen später zog ich mir ein Hemd an und trug sogar eine Krawatte, die ich mir von einem Freund geliehen hatte, putzte meine Schuhe, nahm die Flasche Veuve Clicquot und ging, wie man so schön sagt, »freudig erregt«, um Eartha Kitt auf der Bühne zu sehen.

Der Raum war ausverkauft, wir saßen an kleinen Tischen, die Bühne nicht größer als eine Briefmarke. »Unplugged«, wie das damals hieß. Ein Pianist, der sie begleitete, zwei Scheinwerfer, Stimmengemurmel, die Damen trugen Abendkleider, viele Männer waren im Smoking, es war 22:30 Uhr. Alle tranken sündhaft teuren Alkohol, selbst meine Cola kostete zehn Dollar.

Das Licht ging aus und Miss Kitt kam von hinten durch den Zuschauerraum auf die kleine Bühne, lachte ihr berühmtes Lachen. Sie verneigte sich und der Scheinwerfer streifte meinen Tisch und die Flasche Veuve Clicquot. Sie war keine drei Meter von mir entfernt. Zuerst sah sie die Flasche, dann mich an, nahm das Mikrofon, deutete mit dem Zeigefinger auf mich und sagte: »Wo bist du denn abgeblieben, mein junger europäischer Freund? Ich habe angefangen, mir Sorgen zu machen.«

Ich konnte nicht glauben, dass sie mich vor allen anderen hier direkt ansprach. Das Blut schoss mir ins Gesicht. Ich hob entschuldigend die Schultern und lächelte nervös. Mein Mund war wie ausgetrocknet, ich konnte nicht sprechen und binnen Sekunden stand mir der Schweiß auf der Stirn. Sie bemerkte es, deutete auf den Champagner und gurrte. »Ist der für mich?«

Ich nickte und sie lachte, dann wandte sie sich an das Publikum.

»Oh meine Lieben, das ist eine dieser seltsamen Geschichten, die uns im Leben widerfahren. Diesen jungen Mann aus Deutschland habe ich neulich auf einem Flug getroffen. Wir landeten mit Zwischenstopp in Dallas«, sie hob die Augenbrauen in ungeahnte Höhen, »er verließ den Flieger und verschwand im Nirwana des Flughafens. All seine Sachen waren an Bord, als wir weiterflogen, nur er nicht! Und ich fragte mich, ob ich ihn so tiefgreifend verstört hatte, dass er den Weg nicht mehr zurückfand.« Sie hielt mir das Mikrofon unter die Nase. »Was ist passiert, Michael aus Hamburg, der du gingst verloren?«

»Genau das wird es gewesen sein! Tiefgreifend verstört. Jetzt weiß ich es endlich. Ich wundere mich seit Wochen, wie das passieren konnte. Was soll ich sagen. Liebe macht blind.«

Das Publikum lachte, nahm wohl an, das unser kleiner Talk Teil der Show war. Immerhin war mir meine Schlagfertigkeit nicht ganz abhandengekommen. Eartha lachte, strich mir kurz durch die blonden Locken und wandte sich an den Saal.

»Nun, dann haben wir das ja geklärt und den verlorenen Sohn wiedergefunden.«

Sie nahm die Flasche Champagner und winkte einen Kellner heran: »Darling, sei so lieb und öffne diese Flasche. Ich hoffe, der Champagner ist besser als das Zeugs, das man uns auf dem Flug serviert hat.«

Sie riss die Augen weit und überaus theatralisch auf. Der Saal lachte erneut und sie gab dem Pianisten ein Zeichen, dass das Konzert beginnen konnte.

Neunzig Minuten stand Eartha auf der Bühne, spielte, gurrte, sang sich in mindestens sechs Sprachen durch ihr Repertoire. Als Zugabe widmete sie mir ein Lied, dem jungen deutschen Mann, der in der ersten Reihe saß, abermals völlig erschlagen von ihrem Zauber. Sie strich mir über die Wange und sagte mit einer weichen, fast zarten Stimme: »Ein Lied unserer gemeinsamen Freundin Marlene, die so viel Mut und Courage bewiesen hat.«

Sie sang »Johnny, wenn du Geburtstag hast«, eine Hommage an Marlene, ein Lied an die Liebe. Sie sang es auf Deutsch und mir liefen Tränen über die Wangen. Für die musste ich mich nicht schämen, das hatte mir Marlene ja selber gesagt. Eartha sang den Song und hauchte mir am Ende liebevoll einen Kuss auf das Haar. Sie wusste ganz genau, was sie tat, das Publikum flippte aus, ich saß erschlagen auf meinem Stuhl, sie zwinkerte mir zu und flüsterte mir ins Ohr: »Das sollten wir jeden Abend machen, du hast ja doch Talent.« Dann warf sie den Kopf in den Nacken, lachte über ihren eigenen Scherz und genoss die Standing Ovations.

Ich habe sie im Laufe der Jahre noch öfter live erlebt. Sie hat dann auch das Lied gesungen, aber nicht offiziell für mich. Und dennoch, für mich ist und bleibt es »unser« Song.

God bless you Eartha Kitt, I still love you!

5. EIN JAHRZEHNT DER SUPERLATIVE: DIE NEUNZIGER. ODER: SCHWEINI UND DIE SUPERMODELS

»Models, guest list, action. Just do your best, Darling!«

Eine Szene aus der englischen Kultserie »Absolutely Fabulous« von und mit Jennifer Saunders. Die heute gesellschaftlich und politisch völlig inkorrekten Erlebnisse zweier Freundinnen im London der Neunzigerjahre. Eddie, eine PR-Agentin, die pausenlos mit ihrem Gewicht hadert, sich den Namen ihrer Tochter nicht merken kann und sie deshalb »Sweetie Darling« nennt. Praktisch, denn die Bezeichnung passt zu jedem. Und Patsy, die gertenschlanke Moderedakteurin, die man jedoch höchst selten bei der Arbeit sieht. Beide arbeiten eigentlich nie, trinken dagegen ständig und konsumieren alle illegalen Drogen, die man sich vorstellen kann. Da schwimmen Delfine in der Badewanne und werden mit Lachsbrötchen gefüttert, Marianne Faithfull gibt sich als Gott die Ehre und jeder, der damals etwas auf sich hielt, war dabei. Von Naomi Campbell bis zu den Spice Girls. Die Serie wurde Anfang der Neunzigerjahre gedreht, brachte es auf sechs Staffeln, diverse Specials, zwei Kinofilme und wurde auf der ganzen Welt von einer wachsenden Fangemeinde – inklusive meiner Person – verfolgt. Vordergründig Klamauk und schwarzer Humor. Hintergründig passierte da sehr viel mehr, denn oft blieb einem das Lachen im Halse stecken, weil man die menschlichen Abgründe der Figuren nur allzu deutlich spürte. Wie im richtigen Leben, wenn man genau hinschaut. So war das damals im »Modezirkus«, egal ob ich nach Paris, Hamburg, New York oder auf irgendwelche Inseln im Pazifik oder in die Karibik reiste, um Geld zu verdienen.

Ich steckte mittendrin in diesem Jahrmarkt der Eitelkeiten, diesem Sandkasten der hochsensiblen, hochbegabten und äußerst gestörten Kinder, die jetzt Erwachsene waren und ausgiebig das taten, was sie am besten konnten: spielen! Mit allen denkbaren Manövern und Taktiken. Egal ob siebzehnjährige Models oder siebzig Jahre alte Redakteurinnen. Art-Direktoren, Make-up-Artists, Friseur*innen, Chefredaktionen, Kunden, PRler, Schauspieler oder Agenten. Egal ob weiblichen oder männlichen Geschlechts und was sonst noch alles dazwischenliegt!

»Das Auge muss reisen«, bemerkte bereits Diana Vreeland, die Chefredakteurin der amerikanischen »Vogue«, in den Sechzigerjahren sehr treffend. Der Ausspruch ist übrigens auch der Titel einer grandiosen Dokumentation über diese Frau, die vor meiner Zeit Generationen visuell beeinflusste und prägte – und es heute noch tut, denn das Rad lässt sich nicht neu erfinden. Das Gleiche gilt für grandiose klassische Fotografie von Meistern wie Richard Avedon, Horst P. Horst, Irving Penn, Cecil Beaton oder David Bailey und meine Zeitgenossen Peter Lindbergh, Herb Ritts, Steven Meisel, Gilles Bensimon und David LaChapelle, um nur einige zu nennen. In diese Riege habe ich es zu meinen Lebzeiten nicht geschafft. Noch nicht! Schauen wir mal, dann sehen wir's schon, wie mein Cousin Julian zu sagen pflegt. Da kommt noch was!

Aber mein Auge wollte reisen, immer schon! Nach dem Abitur zog es dann den ganzen Körper mit sich. Seit vierzig Jahren sind meine Augen und ich nun unterwegs und ich hatte das Glück, einen der wichtigsten Momente der letzten drei Jahrzehnte in der Mode- und Modelbranche hautnah mitzuerleben.

Linda Evangelista! Naomi Campbell, Cindy Crawford, Tatjana Patitz, Christy Turlington.

Fünf Gesichter, fünf Namen, die jeder kannte, der im letzten Jahrzehnt des vergangenen Jahrhunderts die Modewelt verfolgte. Gemeinsam zu sehen auf dem Cover der ersten Ausgabe der Neunzigerjahre der »British Vogue«. Da waren sie, fünf Megastars, die George Michael dann auch für sein Video »Freedom« buchte. Ein weiterer Meilenstein hin zur Ikonografie dieser jungen Frauen, den »Supermodels«, die einen Bekanntheitsgrad erreichten, die Models bis dahin nicht kannten.

RuPaul, der damals gerade seine Künstlerkarriere begann, nannte seine erste Single so. Heute selbst durch »Drag Race« weltweit bekannt, nannte er die Models in seinem ersten Hit gleich beim Namen. Genialer Schachzug! Ich hatte Ru einige Jahre vorher im East Village kennengelernt. Besser gesagt im Gym, wo sonst? Broadway, Ecke Houston, NYC. Nicht in meiner Nachbarschaft, aber das Gym war angesagt, und zu der Zeit musste man halt seinen Hintern in Bewegung setzen, wenn man Leute treffen wollte. Ru hatte und hat wahrscheinlich immer noch die längsten und schmalsten Beine der Industrie, die ich je gesehen habe, und ich habe ihn einmal, leider sehr ungünstig, fotografiert. Im Roxy, dem angesagtesten Club der Neunziger im New Yorker Stadtteil Chelsea, wo man dienstags auch gerne auf Rollschuhen tanzte.

Im Roxy waren sie samstagabends alle. Es war immer eine coole Party bis in die Puppen, die John Blair als Promoter veranstaltete. Cher, Madonna, Eartha Kitt, sie alle stellten ihre neuen Songs im Roxy vor. Die »Gay«-Community (heute LGBTQ+) und die Clubversionen der Songs von Diven wie Mariah Carey, Whitney Houston, Gloria Gaynor und Céline Dion waren wichtig für den Markt. Jede Generation hat ihre eigenen Diven, weil sie hauptsächlich von jungen Menschen geformt und erkoren werden. Madonna war nie mein Ding, genauso wie Ariane Grande.

Letztere habe ich mal auf einer Party getroffen, ein Freund hatte mich mitgenommen. Der Abend war nicht besonders aufregend. Während ich mich gelangweilt umsah, bemerkte ich ein zerbrechliches kleines Wesen und dachte: »another underdog«, für die ich viel übrig habe, da ich selber einer bin oder mich manchmal als ein solcher empfinde. Ich setzte mich neben sie aufs Sofa, fragte, wie es ihr gehe und wie sie heiße. Sie zog die sehr schön gezupften Augenbrauen hoch, verriet mir ihren Vornamen und wir unterhielten uns. Sie singe, erzählte sie, und ich dachte an meine Ex-Frau Verena, die mit sechzehn Jahren den Löwen und Michael Jackson zum Fraß vorgeworfen worden war. Schwierige Zeiten, schwierige Industrie! Das erzählte ich dieser Ariana auch. Dann bat ich sie, gut auf sich aufzupassen, und wünschte ihr viel Glück. »Lass dich nicht unterkriegen«, schob ich hinterher, «vielleicht klappt es ja irgendwann mit einem Plattenvertrag.«

Sie lachte nur und ich ging zurück zu meinem Freund, der mich anstarrte, beinahe in Ohnmacht fiel und mich fragte, woher ich Ariana kenne.

Partys waren angesagt in New York, und in den Neunzigern ließ ich kaum eine aus.

Ein ganz besonderes Model, eher eine Persönlichkeit und Schauspielerin, war und ist bis heute Isabella Rossellini, die Tochter der Schauspielerin Ingrid Bergman. Genau, die aus »Casablanca«. Humphrey Bogart, ein Meter fünfundsechzig, steht auf einer

Holzkiste und sagt zu Ingrid, ein Meter achtundsiebzig: »Ich schau dir in die Augen, Kleines!« Das nur nebenbei.

Isabella war vor allem als Model für »Lancôme« weltweit bekannt. Ich traf sie auf einer Party bei Henri Bendel auf der Fifth Avenue. Alle waren dabei, von Linda Evangelista bis Steven Meisel. Ich stand etwas abseits, manchmal erschlägt mich zu viel Rummel. Seltsamerweise stand auch Isabella allein an ein großartiges Treppengeländer gelehnt. Bereits dieser Anblick wäre ein Motiv für ein Bild in der »Vogue« gewesen. Isabella trug einen grauen Herrenanzug und knallroten Lippenstift, ansonsten war sie ungeschminkt. Sie sah mich direkt an und nickte freundlich. Einen Augenblick später ging ein Kellner mit einem Tablett voller Champagnergläser an mir vorbei. Isabella deutete mit dem Kopf auf ihn. Ich nahm zwei Gläser und trat auf sie zu.

»Vielen Dank.« Sie lächelte mich an.

»Warum stehen Sie denn alleine hier?«, platzte ich heraus.

»Warum stehen Sie denn alleine hier herum?«, fragte sie.

Touché!

»Nun, ich bin weder berühmt noch schön noch heißt meine Mutter Ingrid Bergman«, konterte ich.

»Das ist wahr, es wäre mir aufgefallen, wenn wir Geschwister wären.«

Wir lachten beide und unterhielten uns für einige Minuten. Eine tolle Frau! Und eine der wenigen, denen ich heute auf Instagram folge. Dort erklärt sie auf unnachahmliche Weise ihr Leben auf einer Farm und macht ihre Follower mit dem Landleben und ihren Tieren bekannt. Und modelt (wieder) für Lancôme. Eine zeitlose Schönheit, die nichts von ihrem Charme verloren hat.

Bis 1990 gab es immer wieder Ausnahmen unter den Models. Nach einigen Stars wie Dovima, Carmen Dell'Orefice, Lauren Hutton, Veruschka von Lehndorff, Jerry Hall, Imaan (mit der ich mal einen lustigen Abend auf dem damals noch unausgebauten Teerdach des Century Hotels in Miami erlebte) oder Christie Brinkley, um nur einige zu nennen, stiegen Linda Evangelista, Naomi Campbell, Cindy Crawford und Christy Turlington in den Olymp der Prominenz auf und wurden Stars. Dazu kamen dann noch Claudia Schiffer und Carla Bruni. Letztere wurde übrigens später Sängerin und französische Präsidentschaftsgattin. Nicht zu vergessen: Nadja Auermann, Beine bis zum Hals, kühle Eleganz. Einfach der deutsche Knaller neben Schiffer.

Yasmeen Ghauri

Yasmeen, perfekt bis zum kleinen Zeh, eine wahre Schönheit, der ich allerdings einmal sehr ernsthaft Paroli bieten musste. Bei einem Shooting in Miami für »Elégance«, einem deutschen Edelkatalog, wurde sie für zehntausend Mark am Tag gebucht. Cash! Ich bekam achthundert, was eine gute Gage war, und durfte sie hübsch machen. Kein schwieriger Job, denn Yasmeen war wirklich atemberaubend schön. Perfektion! Aber kühl und distanziert. Ich versuchte es mit allen Tricks, doch sie ließ mich nicht an sich heran. Ich respektierte das und arbeitete stumm weiter. So etwas kam sonst nie vor. Nachdem ich ihr Make-up und Haare gemacht hatte, zog sie die Augenbrauen hoch und meinte, die Haare wären nicht gut, zu altbacken. Ich hatte nach den Vorstellungen des Kunden gearbeitet, der eine klassische Linie bevorzugte. Wir sahen uns an, nicht direkt, sondern durch den Spiegel. Ich hatte nie Lust gehabt, mich am Set mit jemandem zu streiten, das brachte eh nichts. Also zuckte ich mit den Schultern und sagte: »Der Kunde wollte das so, aber hier ist die Bürste. Mach es selbst!«

Ihre Augen weiteten sich vor Erstaunen. Jemand wie ich bot ihr Paroli! Man darf nicht vergessen, diese Models waren Stars, machten, was sie wollten, und gingen nach Hause, wenn sie keinen Bock mehr hatten, schmollten, zogen manche Sachen nicht an oder erschienen erst gar nicht am Set. Oder mit drei Stunden Verspätung. Selbst Tatjana Patitz, das sanfteste aller Supermodels, beäugte bei einem Shooting für Bloomingdale's in New York ein Kleid und sagte zum Stylisten: »Gib das mal Naomi, die weiß, was man damit machen kann. Nichts für mich!«

Ich hielt Yasmeen die Bürste in der ausgestreckten Hand entgegen und wartete. Wir hatten drei Tage vor uns. Das konnte ja heiter werden! Sie nickte und sagte: »Go on.« Schwierig, wenn man jemandem, den man eigentlich nicht kennt, so nah ist, ihm durch die Haare und über das Gesicht streicht und praktisch an dessen Körper klebt.

Yasmeen musterte mich im Spiegel. »Ich treffe jeden Tag so viele Menschen, und es sind jedes Mal andere. Das ist nicht immer einfach.«

Ich nickte, das konnte ich verstehen. Dann sah ich sie an, diesmal direkt. »Das geht mir genauso.«

Bis zum Abend sprachen wir nicht viel und fuhren dann mit dem Motorhome vom Studio zum Hotel. Sie wohnte im »Raleigh«, dem zu der Zeit angesagtesten Hotel in Miami Beach. Ein grandioser Pool, ein Outdoor Gym – unbezahlbar. Ich war nebenan im Ritz untergebracht, einem Hotel der Mittelklasse, das außer dem Namen nichts mit dem legendären Pariser Hotel zu tun hatte. Und es gab kein eigenes Gym!

Bevor wir das Motorhome verließen, fragte Yasmeen, ob ich das Gym im Raleigh kenne? Ich verneinte. Sie nickte nur, schaute aus dem Fenster und sagte: »Du kannst da gern hingehen. Sag an der Rezeption, dass du ein Freund von mir bist.«

Ihre Art, sich zu entschuldigen.

Ein paar Monate später trafen wir uns in New York wieder, Covershoot für den OTTO-Katalog, der gerade auch Claudia Schiffer auf dem Titel hatte. Ich war bereits da und wusste, wer und was mich erwartete. Yasmeen kam herein, sah mich, setzte sich hin, musterte mich und sagte: »Ich war wohl letztes Mal nicht ganz so freundlich, wie ich hätte sein müssen.«

Ich lachte und erwiderte: »Das scheint sich geändert zu haben. Willst du einen Kaffee?«

Der Tag verlief harmonisch. Yasmeen erzählte, sie sei an einer Karriere mit Finanzen interessiert. Irgendwie musste sie ja das ganze Geld investieren. Das tat sie auch sehr erfolgreich und schaffte den Absprung aus dem Business mit Bravour, was anderen nicht unbedingt gelang.

Anna Nicole Smith zum Beispiel, immens populär und leider eine tragische Erscheinung. Sie bekam die »Guess«-Kampagne nach Claudia Schiffer und war über Nacht ein Star, eine Mischung aus Jane Mansfield und Marilyn Monroe. Anlässlich der Promotion für »Guess« schminkte ich sie einmal in New York und hatte einen wandelnden Widerspruch vor mir. Damals schon abhängig von Tabletten, nahm ihr Leben einen tragischen Verlauf und endete auch genauso.

Drogen waren ein Bestandteil der Szene in den Achtziger- und Neunzigerjahren. Der »Heroinchic« kam nicht von ungefähr. Die Industrie machte das Beste aus dem Problem einiger Models. Die Branche ist knallhart, und wenn du nicht funktionierst, fliegst du raus oder wirst nicht wieder gebucht. Ich habe einige Models zugrunde gehen sehen oder sie wurden vor der Kamera ohnmächtig. Es ist ein knallharter Job, den man nicht ewig machen kann.

Und nicht jeder ist so konzentriert und diszipliniert wie Claudia. Aber die hat ja auch deutsche Wurzeln. Nein, das meine ich ganz ernst. Man kann ja von Deutschen halten, was man will, aber unsere Ernsthaftigkeit, Loyalität und vor allem unsere Disziplin sprechen für uns. Wenn die amerikanischen Kunden erfuhren, dass ich Deutscher bin, wussten sie gleich, dass sie sich auf mich verlassen konnten. Konnten sie auch, solange es genug zu essen gab.

Zurück zu den Supermodels. Für alle, die es nicht miterlebt haben, sind das Gefühl und der Hype, den diese Models umgab, wahrscheinlich schwer nachzuvollziehen. Models? Kleiderständer? Schön und dumm, mehr nicht? Das war oft die Meinung und die Wahrnehmung der Allgemeinheit, der ich an dieser Stelle ganz vehement widersprechen muss. Und bei den Topmodels war es sowieso anders. Sie waren eine Mischung aus Schönheit, Unerreichbarkeit, Individualismus und Professionalität. Und wussten ganz genau, was sie taten, vor allem aber beherrschten sie ihr Metier. Was alle Supermodels gemeinsam hatten, war ein Gespür für Mode, ihren Körper, für Präsentation und Bewegung, die Kamera, den Fotografen und ihre Wirkung.

Heidi Klum

Das hat natürlich jemand wie Heidi Klum auch, dennoch gehörte sie nicht in diese Riege. Warum? Heidi Klum ist ihre eigene Marke, spielt in ihrer eigenen Liga, und das zeigte sich auch bereits Mitte der Neunzigerjahre ganz deutlich. Zunächst muss ich sagen, dass ich Heidi Klum, das Model und die Marke, die Geschäftsidee, die sie geschaffen hat, absolut gut finde. Alles richtig gemacht! Clever, geschäftstüchtig, gierig nach dem Leben, da spürt man die rheinische Frohnatur. Positiv, schlagfertig, vielleicht hatte sie eine gute Kindheit, keine Ahnung. Sie ist deutsch und diszipliniert. Schön ist sie auch und hat nach wie vor einen Hammerbody, egal ob fünfzig oder nicht. Gute Gene, Disziplin und viel Sport! Und sie bringt Familie, eine Beziehung und ihren Job sehr erfolgreich unter einen Hut. Was hinter dem Image »Heidi Klum« steht, kann ich nicht sagen.

Wir haben uns nur zwei Mal gesehen und ich glaube, sie weiß nicht, wer ich bin.

Moment, wie ich das meine, dass Heidi nicht weiß, wer ich bin? Ich war doch einige Jahre bei GNTM dabei. Stimmt, das heißt aber noch lange nicht, dass wir uns da getroffen haben. Ich bin zwar mehrere Jahre mit der deutschen »Shape« nach L.A. geflogen, wir haben die Modelle gecastet, sie zwei, drei Tage begleitet und fotografiert, aber Heidi hat einen vollen Stundenplan. Wir waren halt ein anderes Segment und ich bin nicht Rankin, ein sehr viel bekannterer Fotograf. Oder vielleicht sind »Shape«-Cover nicht so wichtig wie die »Cosmo« oder »Harper's Bazaar«. Zumindest nicht im Business. Thomas Hajo kam vorbei und natürlich auch Wolfgang Joop. Und wir arbeiteten mit den besten Celebrity-Trainern der Welt. Aber Heidi habe ich nur in den frühen Neunzigern in New York getroffen, als sie gerade anfing, als Model zu arbeiten. Vor ihrem Durchbruch als Covergirl von »Sports Illustrated«. Sie war mit Ric Pipino verheiratet, einem Friseur. Wir hatten beide mit dem gleichen Salon in Chelsea zu tun, »MCM«, und waren beruflich miteinander bekannt. Heidi war deutsch, jung, unbekümmert und ehrgeizig, wir lachten, hatten Spaß, und das war's. End of Story. Dennoch wurde sie später für meine offizielle Vita wichtig, denn GNTM war ein dickes Ding in Deutschland, und als Fotograf dabei zu sein, war cool und brachte mir Publicity ein. Da sieht man mal, wie absurd das Business ist, in dem ich arbeite. Ich finde, man sollte eher sagen, dass ich »für« und nicht »mit« Heidi Klum gearbeitet habe.

So, das hätten wir dann auch richtiggestellt!

Und auf die Frage, warum sie in den Neunzigern nicht Teil der Supermodels war? Das hat was mit der Hochnäsigkeit und dem Geklüngel der Branche zu tun. Heidi war eben nicht für Chanel oder Versace auf dem Laufsteg. Sie war keine Werbeikone für Ungaro oder Tiffany. Sie war »kommerziell« und ihr genialer Body reduzierte sie oft auf genau das: den Body. Aber wer ist heute nach wie vor ein Star, nachdem fast alle Supermodels den Job an irgendwelche Nägel gehängt haben? Wer macht weiter, wer hat Emmy-nominierte TV-Shows gemacht? Und modelt immer noch? Und hat einen coolen Freund? Und hat allen gezeigt, was eine Harke ist, und sich bisher nicht selbst verraten? Und hält ihre Kinder aus der Presse heraus, so lange, bis sie das nicht mehr wollen? Wer war mit Seal zusammen, was ich ziemlich cool fand? Denn Seal ist ein echt netter Typ, den ich mal bei einem bizarren Shooting in New York traf, bevor er ein großer Star wurde.

Genau: »La Klum«. Also wie gesagt, alles richtig gemacht! Ich bin sehr gespannt, wie ihre Karriere und ihr Leben weitergehen!

Als ich Cindy Crawford das erste Mal vor der Kamera sah, hatte ich das Gefühl, jemand hätte das Licht eingeschaltet. Und zwar in einem dunklen Raum. Zum ersten Mal sah ich, was die »Arbeit« eines Models vor der Kamera wirklich bedeutet. Jede Pose, jede Bewegung, jeder Gesichtsausdruck stimmte. Ich traute meinen Augen nicht, und selbst Margaretha Olschewski, der Fotografin, die mich damals auf den Job mit Cindy als Hair- und Make-up-Artist nach Barbados mitgenommen hatte, klappte die Kinnlade herunter. Und das passierte äußerst selten. Margaretha hatte – und hat immer noch – auf alles eine Antwort, ob man diese nun hören will oder nicht. Und sie buchte mich auch für einen Job mit Claudia Schiffer. Aber jener Trip in das »Crane Beach Hotel« auf Barbados mit Cindy Crawford war der erste wichtige Stein, der meine Karriere als Hair- und Make-up-Artist vor allem in New York ins Rollen brachte.

Die Neunzigerjahre waren die Zeit vor Instagram und Social Media. Keiner rannte rum und fotografierte sein Essen, man aß es einfach und freute sich darüber. »Selfies« gab es schlichtweg nicht. Sich ständig selber zu fotografieren, ging rein praktisch nicht, dazu brauchte man jemanden, der eine Kamera hatte. Und Zeit. Und Ahnung. Außerdem galt es als eitel und unschön, was es letzten Endes ja auch ist. Fotografieren war ein Job, der Können und Technik erforderte, denn ein Handy, das auf Knopfdruck jedes Bild beliebig bearbeitet, gab es ganz einfach nicht. Nicht jeder Furz wurde dokumentiert und ins Internet gestellt, damit man bloß viele »Likes« bekam. Es war die Zeit, in der die Realität zählte, weil es keine virtuelle Welt gab. Es ging auch ohne Handy, wenn auch manchmal umständlicher, aber ganz ehrlich, ich finde es nach wie vor und immer öfter äußerst befremdlich, dass, egal wo wir sind oder was wir tun, so unglaublich viele Menschen ihr Handy in der Hand halten. Auch und gerade wenn sie es nicht benutzen. Aus Angst, nicht »connected« zu sein oder etwas zu verpassen, vermute ich.

»Sei doch nicht immer so oldschool!«, höre ich öfter – »oldschool«, auch so ein Begriff. Erfunden von Menschen, die sich offensichtlich nicht als »old« empfinden. Da Altsein in unserer Gesellschaft nichts Positives bedeutet, aber Mann und Frau ja auch nicht respektlos sein darf, gebraucht man einen vordergründig amüsanten Begriff und denunziert dennoch damit. Es gibt ja auch kein »youngschool«. Es gibt »school«, das heißt Benehmen, Erziehung, Wissen. Ich bin jedes Mal erstaunt, wie ungläubig mich gerade junge Frauen anschauen, wenn ich ihnen die Tür aufhalte oder ihnen den Vortritt lasse. Viele kennen das nicht mehr. Für mich hat das etwas mit Respekt, Höflichkeit und Gesehenwerden zu tun. Ich halte auch Männern die Tür auf, nur damit das klar ist!

Handys waren also damals noch Zukunftsmusik. Ich glaube, mein erstes bekam ich 1999, Nokia – ohne Kamera, versteht sich! Okay, Naomi hatte eins, und das schon 1994. Das Handy war ziemlich groß, und wer es zu Gesicht bekam, stand mit offenem Mund da. Selbst der »New York Post« war es einen Bericht wert. Isaac Mizrahi, damals ein sehr angesagter Modedesigner, der Naomi und all die anderen Supermodels in seinen Shows hatte, bestaunte das monströse Ding auf seine eigene amüsante Weise eingehend. Das Ganze wurde in einem wunderbaren Dokumentarfilm »Unzipped« festgehalten. Für jeden, den der Zeitgeist und das Feeling der Neunzigerjahre in New York interessiert, bitte unbedingt anschauen!

Damals ging man ja auch noch in Zeitschriftenläden, um Magazine zu kaufen. Isaacs und mein Laden war an der Sixth Avenue und der 11. Straße im Village, nur zwei Straßen von Balducci's entfernt, dem Gourmettempel aller New Yorker, die im Village und in Chelsea lebten und wo ich später Lauren Bacall an der Käsetheke traf. Ich ging einmal die Woche in den Zeitungsladen, um alle neuen Magazine zu durchforsten, und suchte nach meinen eigenen Arbeiten, denn es gab viele internationale Ausgaben von Modezeitschriften. Hier fand ich die »Grazia«, die »Petra«, die deutsche »Elle«. Heute macht man alles mit einem Klick vom Computer aus, praktisch, aber wenig spannend. Es ging ja nicht nur um die neuen Magazine. Man wusste nie, wen man in den Buchläden oder bei Balducci's treffen konnte.

In »Unzipped« bin ich auch kurz zu sehen, irgendwo backstage bei einer der Shows, als ich das Glück hatte, Kevyn Aucoin zu assistieren, dem Make-up-Gott der Neunzigerjahre in New York. Der hatte es wirklich drauf. Das fanden auch Tina Turner und Sharon Stone. Wir erlebten lustige Momente im New Yorker Studio meiner Freundin Karin Kohlberg, einer sehr eigenen deutschen Fotografin.

Karin kannte jeden, denn jeder liebte sie, wie sie ständig behauptete. Dann schniefte sie und verschwand kurz auf der Damentoilette, um sich »die Nase zu pudern«. Sie hatte immer gute Laune. Kein Wunder, denn ihr Drogendealer kam ein paarmal die Woche vorbei. Ihr Studio, ein kleines Loft in der 31. Straße, Ecke Fifth Avenue wurde dennoch mein zweites Zuhause, und auch wenn Karin kaum etwas aß, kochte ich ab und zu für sie und unsere Freunde und putzte anschließend das Loft, damit die Kakerlaken nicht überhandnahmen. Karin störte das nicht, sie konnte solche Dinge einfach ausblenden, denn, genau: »They all love me!« Sie fotografierte Barbara Becker, Barbara Sukowa und Ute Lemper für die »Bunte«. Wir machten Party, gingen ins Kino, flogen nach Miami zur Neujahrsparty ins »Century« und zogen am Wochenende von einem Club in den anderen. Volle Schlittenfahrt. Als ich anfing, selber zu fotografieren, und in New York meine ersten Jobs bekam, assistierte mir Karin ohne jegliche Attitüde. Sie war cool. Karin, auch »Frau Koksberg« genannt, weilt ebenso wie Kevyn und viele andere nicht mehr unter den Lebenden, und manchmal wundere ich mich, dass ich diese Zeit einigermaßen gesund und klar im Kopf überlebt habe.

War vielleicht der ganze Sport, den ich seit fünfunddreißig Jahren betreibe, doch nicht umsonst? So lange der Vorrat reicht, wie Marlene so schön bemerkte. Ich habe oft anderen Make-up-Artists und auch Fotografen assistiert. Unbezahlt, versteht sich, denn es waren meist unbezahlbare Erfahrungen und Momente. Learning by doing. Ich bin vor allen Dingen eines: ein gnadenloser Autodidakt. Ich hatte 1990 nach dem Studium meine Koffer gepackt, alles hinter mir gelassen und war nach New York gegangen.

Ted Linow, der damals gerade »Mega Models« in Hamburg gründete, sah mich ungläubig an, als ich ihm meine Pläne eröffnete. Die Mauer war keine zehn Minuten offen – okay, es waren bereits zehn Monate vergangen, um ehrlich zu sein –, da hatte Ted zwanzig

Modelle aus Paris, New York und Mailand für die erste Burda-Modenschau in den neuen Bundesländern zusammengetrommelt. Wir fuhren von Cottbus über Leipzig und Dresden nach Berlin und präsentierten abends in den Stadthallen eine Fashionshow. Auf dieser Tour gab es kein vegetarisches Essen, keine Gyms und keine Faxmaschinen und die armen Hotelangestellten der ehemaligen DDR musterten uns argwöhnisch, belustigt oder hoffnungslos unverständig. Heute kann ich das gut verstehen, damals konnte ich das eher nicht. Eine kapitalistische Meute von fast fünfzig Personen inklusive Technik, Hair und Make-up und anderen Menschen, die die Magie auf der Bühne hinter der Bühne möglich machten.

Nach der letzten Show erzählte ich Ted, dass meine Tage in Hamburg gezählt seien. Ich musste, wollte und konnte raus. Wohin denn sonst außer nach New York? Marlene Dietrich hatte ja gesagt, dass ich da hinsollte. Außerdem hatte ich zehntausend Mark auf dem Konto, das sollte für einige Monate reichen, und bei meinem letzten Aufenthalt im Big Apple war ich bereits von dem renommierten Agenten Timothy Priano unter Vertrag genommen worden. Ich hatte Arbeiten mit Cindy und Claudia im Buch. Ich hatte »Cosmopolitan«-Cover und Editorials aus »Harper's Bazaar«, »Viva« und der italienischen »Grazia«.

Ich wollte Teil dieser Gruppe von talentierten Menschen sein, die genauso einen an der Waffel hatten wie ich – oder noch schlimmer. Die Modeszene war damals ein elitäres Pack. Daran hat sich bis heute kaum etwas geändert, und wenn du nur in Hamburg aktiv warst, kamst du nicht weiter. Raus in die Welt, nach oben, Names, Models, Guest Lists – aber das hatten wir ja schon! Für mich war und ist das Glas grundsätzlich halb voll. The only way is up, baby!

»Du weißt schon, was du aufgibst!«, meinte Ted mit einem bedeutungsschwangeren Blick.

Und wieder, wie so oft in meinem Leben, zuckte ich mit den Schultern. Ich konnte nur gewinnen. New York, come on, the center of the universe, »the place to be when you are in fashion«. Oder so ähnlich, glaubte ich damals, sah die Welt aus.

Wäre doch gelacht!

Meine Freundin Felicitas von Lobenthal, ehemalige Art-Direktorin der deutschen »Vogue« und leider nicht mehr unter den Lebenden, erklärte mir später, als ich Fotograf war, vieles, was ich nicht wusste, und vieles, was ich nicht wissen wollte, wenn ich in München auf Akquise war und bei ihr wohnte. Sie wurde eine Art Mentorin für mich. Anders als ihr adliger Name vermuten lässt, sah sie eher wie Charlie Brown aus und kannte, wie Frau Kohlberg, Gott und die Welt. Und natürlich liebte jeder Frau von Lobenthal! Wenn man ihren Worten glauben konnte: »Ich weiß, wer Gianni (Versace) umgebracht hat, ich sag's dir, aber du darfst es nie weitererzählen.«

Ich inhalierte ihre Geschichten über Models, bekannte Fotografen, Versace und all die anderen illustren Individuen, die ihre Rolle im Zirkus gut und erfolgreich spielten. Je später der Abend, desto spannender wurden ihre Geschichten. Und nein, ich verrate jetzt nicht, wer laut Frau von Lobenthal für den Mord an Gianni Versace verantwortlich ist.

Genau! Was hat Elizabeth Taylor noch gesagt: »Wouldn't you like to know?«

Apropos: Gianni Versace war ein toller Mann, der als einer der Ersten aus der Modebranche in Miami Beach ein Haus hatte. Direkt am Ocean Drive. Heute ist dieser Boulevard leider als Touristeneldorado verkommen, aber damals machte ihn Gianni salonfähig. Eines der schönsten und opulentesten Gebäude, die ich bis damals gesehen hatte. Zurzeit wird es als Restaurant genutzt und Gianni würde sich bestimmt in seinem Grab umdrehen, wenn er wüsste, wer da alles durch sein Haus und sein Schlafzimmer läuft.

Ganz im Versace-Stil, mit viel Gold, Satin, Marmor und Opulenz, zeigte die amerikanische »Vogue« als erstes Magazin das Gebäude in einer Homestory. Bis dahin war ein Besuch nur dem »inner circle« erlaubt.

Ich lernte Gianni zufällig kennen. An einem Morgen in Miami im News Café am Ocean Drive, das damals in einem kleinen Gebäude am Innenhof noch ein Zeitungsgeschäft beherbergte. Dort gab es auch den »Manipulator«, diverse internationale Ausgaben der »Vogue« und italienische Tageszeitschriften. Zufällig standen wir nebeneinander am Regal. Ich mochte schon immer Männer mit Bart und er offensichtlich große blonde deutsche Männer. Wir quatschten, tranken Kaffee und er zeigte mir sein Haus und den Pool. Und einiges andere. Es gibt Dinge, die sollte man nicht ausplaudern.

Ich mochte ihn sehr. Ein einfühlsamer Mann mit Humor.

Kommen wir also zurück zu der Frage: Was hat »Schweini« mit den Supermodels oder besser gesagt mit einem Supermodel im Besonderen zu tun? Nämlich mit Cindy Crawford?

Ich kannte beide nicht, als ich sie traf. Und das sagt mehr über mich aus als über die beiden. Ich kenne viele Leute, vergesse niemals ein Gesicht, wenn ich es einmal bemalt oder fotografiert habe. Was mich an Lilo Wanders erinnert, die ja gerne sagt, dass sie nie ein Gesicht vergisst, auf dem sie mal gesessen hat. Das nenne ich Humor, wenn auch geschmacklos. Aber das darf und sollte Humor ja auch sein.

Bei Namen ist das was ganz anderes, die kann ich mir fast nie merken – sehr unangenehm.

Ich kannte Cindy also nicht, als mich Margaretha Olschewski zu Beginn des Jahres 1989 fragte, ob ich Lust hätte, zusammen mit ihr für einen Job nach Barbados zu fliegen, wenn dieser auch karg bezahlt sei. Genau eintausend Mark gab es für den Job, der zehn Tage dauerte. Ein Beweis dafür, dass Geld nicht unbedingt glücklich macht, sondern die Erfahrung und das Erlebte. »Bwana« – mein Spitzname für Margaretha – war und ist eine tolle Frau und eine sehr talentierte Fotografin und sie kommt, so wie ich, aus dem Ruhrpott. Wir sind beide Löwe. Brüllen konnten wir gut, aber Margaretha hatte beim Shooting, besonders in Miami, immer ein Megafon dabei. Eine elektronische Flüstertüte, die sie zu allen passenden und unpassenden Momenten einsetzte. Zum Leidwesen aller anderen. Auch der Models.

Wir hatten nicht nur tolle Momente, es krachte auch gerne mal zwischen uns. Auf einem späteren Trip, wieder nach Barbados, wieder im Crane Beach Hotel, wurden wir zunächst von schlechtem Wetter heimgesucht. Dann sprang das männliche Model von einer Klippe, um zu beweisen, wie männlich es sei, und tauchte mit aufgeplatzter Stirn wieder auf. Da konnte auch kein Make-up helfen. Der Kunde war zickig, der Wind kam aus der falschen Richtung. Margaretha blökte durchs Megafon, ich solle die Haare des weiblichen Models, Rosemary McGrotha, nach hinten machen. Ich schrie zurück: »Dreh das Model in die andere Richtung!« Das ging nicht, denn Rosemary saß am Pool auf einer Brüstung überm Meer. Aus der Richtung wehte übrigens auch der Wind.

Alle waren genervt. Wutschnaubend kam »Bwana« auf mich zu und fluchte. Wie ich es wagen könne, so vor dem Kunden mit ihr zu reden. Worauf ich nur erwidern konnte, wie sie es dann wagen könne, mit mir so zu reden. Vor dem Kunden! »So nicht!«, hatte Frau Knef einmal gesagt. So nicht.

Rosemary, eine Südstaatenschönheit und die erste »Donna Karan«-Frau, sah mich ruhig an und fragte, warum »Hitler's daughter« denn so ungnädig sei. Margaretha hatte eine Rumpelstilzchen-Attacke – bitte sehr, das konnte ich auch. Ich schmiss die Bürste in den Pool und zog mich aufs Zimmer zurück. »Bwana« folgte mir und wir vertrugen uns so schnell, wie wir in Streit geraten waren. Löwen brüllen halt! Nachtragend sind wir beide nicht.

Heute kann ich Margarethas »Verrücktheit« verstehen, zumal ich den Druck und die Verantwortung gut kenne, unter dem ein Fotograf steht, egal ob Mann oder Frau. Allerdings konnte ich das erst ermessen, als ich selbst hinter der Kamera stand. Gelernt habe ich viel von Margaretha. Und wir sind immer noch befreundet. Das allein spricht für sie. Offenbar auch für mich.

Dennoch: »Alle bekloppt, ich sowieso«, sagte mal jemand am Set. Ich glaube, es war Tatjana Patitz. Guter Rat, simple Erklärung, das erleichtert das Miteinander.

Cindy Crawford

Margaretha fragte wegen Barbados an. Ich dachte an die Karibik und den Strand und schrie nur laut: »Ja!«

»Und Cindy Crawford ist das Model.« Ein verschwörerischer Blick aus Margarethas blauen Kulleraugen!

Ich nickte, wusste aber nicht, wer diese Cindy war. Mir war es wurscht. In die Karibik! Während des Semesters! Professorin Schlumbohm drückte ihre beiden gut geschminkten Augen zu und verstand, worum es ging.

Zwei Wochen später saßen wir im Flieger und mussten in Puerto Rico notlanden, weil der Sturm dort so heftig tobte, dass nichts mehr ging. Margaretha starb tausend Tode, aber mich konnte nichts erschüttern. Mit einer Maschine der British Airways kamen wir einen Tag verspätet an. Am nächsten Morgen sollte Cindy auf der Bildfläche erscheinen.

Frank, Margarethas Assistent, wurde immer nervöser und verdrehte jedes Mal, wenn ihr Name fiel, die Augen. Seit Tagen summte er den alten Schlager »Cindy, oh Cindy«. Man hatte ihn und mich in einem baufälligen Cottage am Ende des Hotels auf einem Kliff untergebracht. Die Fenster ließen sich nicht schließen, der Strom fiel ständig aus und ein monströser Leguan hatte es sich in der Badewanne bequem gemacht. Warmes Wasser gab es nicht, die Zähne putzten wir uns draußen. Ich fand das alles himmlisch und war einfach nur glücklich auf dieser tropischen Insel. Von Bövinghausen nach Barbados. Und noch tausend Mark obendrauf. Was wollte ich mehr?

Am nächsten Tag – es war bewölkt – ging ich an den rosafarbenen Strand und verbrannte mir gehörig die deutsche Nase. Irgendwann sah ich eine junge Frau aus dem Hotel kommen, ungeschminkt, nicht zu groß, ein Pickel auf der Stirn. Das musste sie sein, diese Cindy. Sie ging den Strand entlang und kam in meine Richtung. Ich trat auf sie zu und winkte.

»Hallo, grüß dich. Bist du unser Model?«

Cindy sah mich argwöhnisch an und vermutete wohl einen deutschen Fan in Badehose. Sie nickte unmerklich!

»Ah, super. Schön, dass du da bist. Du heißt Cindy? Deinen Nachnamen habe ich leider vergessen, ich kann mir Namen nicht merken. Ich bin Michael, ich mache dein Make-up und deine Haare.« Ich fasste ihr in die zerzauste Mähne, um die Qualität zu prüfen. »Na wollen wir hoffen, dass das Wetter besser wird und nicht so feucht bleibt, sonst sehe ich rot für die Lockenwickler.« Ich lachte. »Und dass der Strom nicht ausfällt. Passiert gerne hier, frag mich nicht, warum. Ich wohne dahinten in dem kleinen Haus auf der Klippe. Ist wahrscheinlich zu weit für dich morgens um vier, da fangen wir dann an. Außerdem würde Frank kein Auge zumachen.«

Cindy betrachtete mich wie ein seltsames Insekt: »Frank?«

»Ja, Frank, das ist der Assi, und der träumt schon von dir. Wir teilen uns das Zimmer.« Ich verdrehte theatralisch die Augen. »Jedem das Seine. Und wie war der Flug? Alles okay, hoffentlich. Schmier dir mal Zahnpasta auf den Pickel da auf deiner Stirn, damit der bis morgen weg ist. Hat bei meiner Schwester immer geholfen. Welche Zimmernummer hast du denn?«

Cindy nannte die Nummer, murmelte noch irgendwas wie »Nice to meet you« und floh in Richtung Hotel.

Am nächsten Morgen schleppte ich mich um kurz vor vier in ihr Zimmer. Der Strom war ausgefallen, und so schminkte ich sie bei Kerzenlicht. Alles lief relativ easy und schweigsam ab. Wir waren beide müde. Ich bin ja, ehrlich gesagt, nicht der Frühaufsteher. Das erste Licht ist ein Mythos und der frühe Vogel kann mich mal. Aber Margaretha glaubte an den Glanz der frühen Morgensonne.

Gegen halb sieben liefen wir über den noch feuchten Sand und gelangten an die Location. Frank hörte überhaupt nicht mehr auf zu grinsen und Margaretha brauchte kein Megafon »Okay, let's go«, sagte sie nur.

Und dann ging die Sonne auf. Nicht nur am Himmel, insbesondere auch vor der Kamera. Die bis dahin ruhige Cindy zog alle Register. Für drei Stunden, bis es zu heiß wurde, zeigte uns Miss Crawford, warum sie die Bezeichnung »Supermodel« bis heute zu Recht trägt.

Auf dem Weg zurück sah ich sie von der Seite an. »Du weißt wirklich, was du tust!«, entfuhr es mir. Es war ehrlich gemeint.

Wir verbrachten ein paar Tage miteinander, in denen ich viel von ihr lernte – Kniffe, die ich bis heute anwenden kann, wenn ich weibliche Modelle vor der Kamera habe. Sie erzählte nicht viel von sich, wurde aber freundlicher und einige Male lachte sie über meine harmlosen Witze. Sie hatte eine schöne Stimme und eine wunderbare Art zu sprechen. Verbindlich, weiblich, beruhigend. Sie hatte nichts zu befürchten außer Frank, aber todesmutig verteidigte ich ihre Ehre mit meinem Puderpinsel, was mir ihre erste Lachsalve einhandelte.

Am letzten Tag der Zusammenarbeit hatte Cindy Geburtstag, es war der 20. Februar. Margaretha hatte alle zusammengetrommelt und wir fuhren geschlossen auf die andere Seite der Insel. Dort besuchten wir ein zwielichtiges Etablissement, um uns eine Dragshow anzuschauen. Nicht ganz geschlossen, denn Frank und ich fuhren in einem alten, offenen Jeep mit einem Fahrer hinterher, der Van war zu klein. Wir sahen uns die ziemlich schlechte Show eines bizarren Briten an und tranken ein oder zwei oder auch drei Gläser. Das, was uns an diesem Abend geboten wurde, hatte nichts mit »Drag Race« von RuPaul zu tun, sondern war eher der Versuch eines drittklassigen Damenimitators. God bless him!

Wir waren guter Dinge, ein Morgen gab es nicht und ich sagte an dem Abend nicht Nein zu alkoholischen Kaltgetränken. Selbst Cindy wurde immer lustiger und wir hatten viel Spaß.

Morgens um zwei ging es ab nach Hause, die Fahrt würde ungefähr fünfundvierzig Minuten dauern. Alle hatten gut getankt. Cindy brauchte frische Luft und quetschte sich neben mich auf die Rückbank des Jeeps. Frank, der auf dem Vordersitz saß, wurde grün im Gesicht. Ich nehme an, es lag am Alkohol. Einen Platz auf einem der hinteren Sitze hätte er auf den holprigen Straßen nicht überlebt.

Bevor wir losfuhren, kam noch Gülia, die Kundin, herbeigestürmt und wollte ebenfalls mitfahren. Wir fuhren los und Cindy saß dicht an dicht zwischen Gülia und mir. Kurzentschlossen sah sie mich an und meinte, sie könne ja auf meinem Schoß sitzen, das würde mir wohl nichts ausmachen. Frank sang offiziell und laut sein Mantra »Cindy, oh Cindy« und wir kamen aus dem Lachen nicht mehr raus. Cindy wandte sich an mich und fragte: »Findest du nicht, dass ich so aussehe wie Marilyn Monroe?«

Ich schüttelte verständnislos den Kopf. »Alles, nur das nicht.«

»Aber ich habe auch einen Leberfleck auf der Oberlippe.« Sie schmollte gekünstelt und lachte. »Und was Frank kann, kann ich schon lange. Ich singe jetzt auch.« Sie lächelte mich an und hauchte das Lied der Monroe in die windige Nacht. »I wanna be loved by you, just you, nobody else but you, I wanna be loved by you, alohohone, boob-bab-bi-do, pooh!«

Frank fiel alles aus dem Gesicht, während wir drei auf der Rückbank in lautes Gegröle verfielen und ich nur noch verkünden konnte: »Yes Cindy, from now on I will call you Marilyn. Happy birthday my dear!«

Ich habe Cindy dann einige Zeit später, Mitte der Neunziger, wieder in Miami getroffen. Sie drehte einen Film mit Billy Baldwin: »Fair Game«. Es blieb ihr einziger Ausflug in die Schauspielerei. Sie modelt immer noch und war in diesem Jahr – vierunddreißig Jahre später – wieder Covermodel der amerikanischen »Vogue«. Unglaublich! Und sie lief auf der Versace-Show mit Claudia Schiffer.

Drehen wir kurz am Rad der Zeit, Februar 2024. Ich hatte ein Meeting mit meiner Freundin Anna Soffer in Miami. Wir treffen uns meistens in der Nähe ihres Hauses im Purdy District in Miami Beach. Dort gibt es das »Pure Vida«, wo der Vitaminshake fünfzehn Dollar kostet. Plus Trinkgeld, obwohl man an der Theke bestellen muss. Eigentlich nicht mein Ding. Aber man kann draußen sitzen, und alles, was Rang und Namen hat oder zu haben glaubt, geht vorbei oder kauft ebenfalls einen überteuerten Vitaminshake.

An diesem Tag ging eine Frau an unserem Tisch vorbei. Sie telefonierte und trug eine Sonnenbrille. Ich dachte: Superbody, die muss auch schon über fünfzig sein. Ich »sportle« ja selbst gerne und viel und finde es toll, nicht der einzige Ü-Fünfziger zu sein, der das tut.

Anna sah mich an. »Schau mal, da ist Cindy!«

Wie, wo, wer?

Sie hatte recht, die Frau am Handy mit der guten Figur war tatsächlich Cindy Crawford. Fünfunddreißig Jahre waren seit unserem Shooting in Barbados vergangen und die Zeit hatte auch vor mir nicht Halt gemacht. Ich war kein blond gelockter Mittzwanziger mehr, sondern ein grauhaariger Mann mit Bart!

Natürlich hätte sie mich nicht erkannt, wie auch? Ich überlegte kurz, verwarf dann aber die Idee, sie anzusprechen, denn ihr Mann Rande Gerber und ein Freund gesellten sich zu ihr und die drei nahmen am Nebentisch Platz. Sie hatte immer noch diese wunderbare Art zu sprechen. Ich entschuldigte mich und ging zur Toilette, um mir die Hände zu waschen. Als ich die Tür aufmachte, stand Cindy davor. Für einen Moment war ich sprachlos. Was tun?

Ich sah sie an, sie lächelte. »Hallo!«

Ich nickte, lächelte zurück, hielt ihr die Tür auf: »Here you go!«

Ein »Thank you« – und sie war verschwunden. Es sollte nicht sein, es fühlte sich nicht richtig an, es war nicht auf Augenhöhe.

Aber es war trotzdem schön, sie zu sehen. Cindy hat nichts von ihrer Liebenswürdigkeit verloren.

Claudia Schiffer

Claudia lebt in London, hat erwachsene Kinder und, genau wie Cindy, nichts von ihrem Glanz und ihrer Ausstrahlung verloren.

Margaretha buchte Claudia Schiffer für einen Fielmann Commercial in Miami Ende 1990. Da war sie bereits ein Megastar, keine Ahnung, wie »Bwana« das wieder arrangiert hatte. Claudia hatte die Modewelt erobert, sie war als neu empfundene Brigitte Bardot zur »Guess«-Ikone aufgestiegen, und das zu Recht. Ich fand sie toll und freute mich, sie kennenzulernen.

Die Produktion für Fielmann war ganz großes Kino – Miami in seiner frühen Glanzzeit. Es gibt ein wunderbares Porträt über Margaretha, das lief damals in der ARD. »Traumberufe« kann man auf YouTube finden, gedreht 1992, zwei Jahre nach Schiffer. Es ist wirklich ein tolles Zeitdokument, als Miami in der Fotoszene angesagt war und wir mit dem Motorhome die Locations beschlagnahmten. Es zeigt, warum Miami so besonders war und die ganze Welt dorthin wollte. Auch ich bin in dieser Doku zu sehen, während ich schminke, lässig Filme auspacke oder Polaroids begutachte.

Adriana Gomez von »European Productions« hatte alles für den Dreh mit Claudia vorbereitet. Wir wohnten im »Cardozo« am Ocean Drive, das Gloria Estefan gehörte, die ich später für die »Petra« vor dem Puderpinsel hatte. Ich ging wie immer am Abend zuvor zu dem Model, um alles für den nächsten Tag zu besprechen, es gab ja keine Handys. Ich klopfte an die Tür, und Bill, Claudias Boyfriend, ein Typ, den ich noch aus meiner Modelzeit kannte, öffnete mir die Tür. Wir begrüßten uns, ich kam herein, und da war sie dann. »La Schiffer«. Groß, langes blondes Haar, müde aufgrund des Jetlags und ungeschminkt. Das hatte so gar nichts mit »Guess« zu tun und ich dachte nur: Wie mache ich denn Claudia Schiffer aus ihr?

Am nächsten Tag funktionierte das sehr gut mit Make-up und falschen Wimpern und Claudia war einfach ein Traum. Gerade mal zwanzig Jahre alt. Höflich, gut gelaunt, konzentriert, diszipliniert, schön und ein Vollprofi. Es war eine Freude, wir hatten viel Spaß, denn sie ließ mich einfach machen, weil sie wahrscheinlich damals schon wusste, dass bei freiem Lauf die Produktivität und der Einsatz am höchsten sind. Wir filmten in einem Nachtclub auf dem Ocean Drive, und am nächsten Tag setzte Frau Schiffer am Strand gefühlte viertausend Sonnenbrillen auf, ohne mit der künstlichen Wimper zu zucken.

Ich traf sie dann ein paar Jahre später noch einmal an einem verschneiten Winterabend im West Village in New York auf einer leeren Straße. Es war magisch, filmreif, aber real. Sie war in Begleitung ihres neuen Freundes David Copperfield. Wie immer charmant, kein Getue, herzlich. Ich glaube, dass genau das Claudia und ihren

Erfolg in dieser Branche ausmacht. Sie ist präsent und macht kein großes Getue. Sie erledigt ihren Job, und zwar fantastisch, und behält schön die hübschen Füße auf dem Boden!

Katarina Witt

Kein Supermodel! Ich weiß, aber in den Achtzigern durchaus ein Superstar auf dem Eis. Katarina, die »Eisprinzessin«. Zumindest laut der deutschen Presse.

Was für eine reduzierende Aussage über eine Ausnahme-Athletin der Superlative! Weltmeisterin, Europameisterin im Eiskunstlauf. Das allein schon unangefochten für sechs Jahre.

Und dazu zweimal Olympia-Gold, 1984 und 1988. Das ist bereits eine einmalige Leistung für eine Athletin. Schließlich war sie noch ein drittes Mal bei den Olympischen Spielen dabei, 1994 in Lillehammer. Dort erreichte sie den siebten Platz, eine äußerst respektable Leistung. Es ging nicht ums Gewinnen, sondern darum, dabei zu sein. Und nicht nur, weil sie – charmant und menschlich, wie sie ist – damals keine negative Stellung zu Tonja Harding bezog, sondern neutral blieb.

Tonya Harding? Ja, auch das ist dreißig Jahre her, bleibt aber einer der größten Skandale in der olympischen Geschichte. Tonya Harding und Nancy Kerrigan, beide Teilnehmerinnen für die USA, waren natürlich auch Kontrahentinnen. Tonyas Freund nahm einen Baseballschläger und platzierte ihn auf Nancys Kniescheibe. Ihr Klageruf »Why?«, den jemand filmte, ging um die Welt und die Presse hatte für Wochen viel zu schreiben. Nancy gewann Silber, Tonyas Karriere war vorbei. Ihr Freund wanderte in den Knast und Tonya durfte nie wieder auf die Eisfläche. Futsch, aus, finito.

Nancy war definitiv nicht die Eisprinzessin, die ihr Management aus ihr machen wollte, und benahm sich öfter daneben. Ein Auftritt mit »Micky Mouse« in Disney World ging nach hinten los und ihre Karriere verlief irgendwann im Sande.

Aber wer zuletzt lacht, lacht ja bekanntlich am besten. Tonyas Leben wurde 2017 mit Margot Robbie großartig verfilmt, und da gab es dann, ein Vierteljahrhundert später, eine Art Wiedergutmachung. Gemäß dem amerikanischen Klischee, dass der »Underdog« doch etwas Gutes hat. Den Oskar holte sich Allison Janney für die beste weibliche Nebenrolle als Eiskunstlaufmutter aus der Hölle.

Katarinas offizielle Profi- und Eislaufkarriere war nach Lillehammer beendet, aber sie tummelt sich weiterhin im Showgeschäft und macht ihr Ding. Eine resolute, erfolgsorientierte und kluge Frau.

Wir trafen uns das erste Mal in Ost-Berlin, Anfang 1989. Covershooting für »Sports International«. Ich war für Hair und Make-up gebucht. Das Ganze fand, nachdem wir als westdeutsche Fotocrew Checkpoint Charly gut überstanden hatten, im Friedrichstadt-Palast statt. Ich als guter »Wessi«-Junge traute dem Braten und dem ostdeutschen Regime nicht und witterte hinter jeder Ecke Spione. Auch eine Art seltsamer Konditionierung aus heutiger Sicht. Und das alles in eisiger ostdeutscher Stimmung. Die Wiedervereinigung fand erst im Herbst statt.

Katarina war nett, umgänglich, aber distanziert. Wir kamen aus dem Westen, vielleicht lag es daran, vielleicht war sie einfach nur müde. Ich hatte keine Vorstellung davon, was es bedeutet, ein globaler Star zu sein. Aus der DDR! Sie war definitiv einer. Und mit dem Ruhm kommen Arbeit, Stress und Druck. Das Shooting dauerte keine zwei Stunden, und schon war sie wieder weg, umgeben von Menschen, die ich nicht kannte. Ich verprasste meine »Ostmark«, denn zu der Zeit war man ja gezwungen, Geld (Devisen) zu tauschen, wenn man in den Arbeiter-und-Bauern-Staat einreiste.

Die Mauer, die »niemand beabsichtigte zu bauen«, ist seit einem halben Menschenleben nicht mehr existent. Höchstens in den Köpfen einiger Menschen. Und da massiv.

Andere Geschichte in der Geschichte.

Knapp zwei Jahre später lebte ich in New York. Eines Morgens rief mein Agent an. »Katarina ruft!«

Sie war in New York, brauchte Hair und Make-up. Dass sie sich an mich erinnerte, verwunderte mich. Am nächsten Morgen nahm ich meine Zarges-Box, den Föhn und fuhr mit der U-Bahn Richtung Soho zu einem Studio. Ich war früh dran, aber die Deutschen sind ja im Allgemeinen pünktlich und Katarina war bereits da. Vor mir stand allerdings eine vollkommen andere Frau als vor zwei Jahren im Friedrichstadt-Palast. Entspannt, sehr weiblich, lächelnd und äußerst schlagfertig, was den deutschen Humor betraf. Wir hatten viel Spaß an diesem Tag und somit kam es in dem Jahr danach häufiger zu einer Zusammenarbeit. Ein paar Wochen später flogen wir nach Toronto, um dort in eisiger Kälte einen Werbespot zu drehen.

Katarina hatte sich vor Kurzem für den »Playboy« ausgezogen. Als erste Sportlerin! Ich bin nicht so der »Playboy«-Fan, aber in diesem Fall war das etwas anderes. Es waren einfach gute, erotische Bilder. Da war nichts peinlich, da wurde nicht zu viel gezeigt. Katarina war ein großer Star in den USA, nicht nur wegen der »Playboy«-Bilder. Die Amerikaner lieben einfach erfolgreiche Sportler*innen. Sie sind Symbole, Held*innen, Vorbilder und werden – zu Recht – gefeiert. Katarina wurde zusammen mit Wayne Gretzky, einem Eishockeyspieler, und weiteren Sportlern der Superlative in den USA ins Hard Rock Café auf den Times Square eingeladen. Ich machte sie erst schön, was nicht besonders schwierig war, und begleitete sie dann zum Times Square. Dort traute ich allerdings meinen Augen kaum. Da waren Straßen abgesperrt, wir wurden von der Polizei eskortiert. Tausende von Fans schrien, und das nicht nach Wayne, sondern nach Katarina. Jeder wollte ein Autogramm und viele hatten das »Playboy«-Cover dabei.

Ein paar Tage später war sie zu einer Morgenshow des amerikanischen Fernsehens eingeladen. Es war früh – nicht meine Zeit, morgens um fünf in ein Studio zu fahren –, die Sendung begann um 8 Uhr. Das hatte aber auch was Gutes. Um 9 Uhr war der Zirkus vorbei und wir konnten ins »Café Luxembourg« frühstücken gehen.

Übermüdet betraten wir das Gebäude und gingen in Richtung Fahrstuhl. Er kam, wir stiegen ein, da rief jemand: »Haltet den Fahrstuhl. Bitte!« Ein weiterer Gast der Sendung. Ich stellte mich in den Türrahmen des Aufzugs, aber die Elektrik war unerbittlich und haute mir die Tür zweimal in den Rücken. Ein freundliches »Danke, ich hoffe, du bist okay« der ungeschminkten Blondine, die schließlich den Fahrstuhl betrat, war mein Lohn. Den Druck im Rücken vergaß ich schnell.

Wer tut Sharon Stone nicht gerne einen Gefallen?

Die Tür schloss sich und wir drei standen im unbarmherzigen Neonlicht. Sharon erkannte Katarina, sie begrüßten sich, ich wurde Sharon vorgestellt. Die Fahrt dauerte keine Minute, aber den Satz, den sie sagte und der leider die unbarmherzige Wahrheit einer jeden Fahrstuhlfahrt wiedergibt, habe ich bis heute nicht vergessen.

Sie schaute in den Spiegel, zuckte mit den Schultern und verkündete ohne großes Pathos: »Overheadlights in an escalator, at 5 am without any make up! Uff! Pure death!« (»Morgens um fünf ohne

Make-up in einem Fahrstuhl unter Deckenbeleuchtung sein Gesicht zu sehen? Der reinste Tod!«)

Sie hatte recht, wir sahen alle drei (noch) nicht aus, als ob wir gleich auf irgendeinem roten Teppich erscheinen würden. Sharon verzog das Gesicht und lachte. Katarina und ich konnten nicht anders, als mitzulachen.

Ich sah Sharon Stone an: »Glaub mir, auch Cindy Crawford sieht nicht aus wie Cindy Crawford, wenn sie morgens aufsteht. Das kann ich bezeugen.«

Zwei Stunden später standen Katarina und kurz darauf Sharon vor der Kamera. Beide sahen so aus, wie man sie kennt.

Die Kunst des Make-ups sollte man niemals unterschätzen.

David Bowie

Im Gegensatz zu Claudia kannte ich Bastian Schweinsteiger nicht, genau wie Cindy oder ein paar andere Menschen, die ich traf. Man kann nicht jeden kennen. Oder erkennen.

Auf einer sehr frühen Berlinreise – ich war noch nicht einmal volljährig – hatte ich mich in das »Andere Ufer« getraut, ein Schwulencafé in der Hauptstraße in Schöneberg. Wenn ich gewusst hätte, dass ich ein Vierteljahrhundert später keine einhundert Meter entfernt ein Fotostudio betreiben und eine Dreihundert-Quadratmeter-Wohnung bewohnen würde und dort, zu Beginn des Millenniums, mit die besten Jahre in Berlin erleben durfte, ich hätte es nicht geglaubt. Und wenn ich damals gewusst hätte, wer der seltsame dünne Typ war, der neben mir saß und nachmittags in dem leeren »Anderen Ufer« frühstückte, hätte ich auch anders reagiert.

Aber ich war ABBA-Fan, woher sollte ich David Bowie kennen?

Er quatschte mich an, freundlich, unverbindlich, aber interessiert. Ich erzählte vom Westen, meinem Gymnasium, er von London, woher er wohl kam, und wie cool Berlin sei. Er mache gerade Musik – Ariana Grande, ick hör dir trapsen. Er wohnte zwei Häuser weiter, wir gingen zu ihm und er spielte mir was auf einem Kassettenrekorder vor. Nicht mein Ding. Erzählte von Romy Haag, die kannte ich damals auch nicht. Heute schon. Oh Mann, war ich naiv! Aber vielleicht machte gerade das meinen Gymnasiastencharme aus, keine Ahnung. Mir fehlte ganz einfach das Genie-Gen, leider. Das tut es bis heute, aber ich habe immerhin viel dazugelernt.

Als ich schließlich die Wohnung des Briten im ersten Stock der Hauptstraße verließ, denn ich musste ja wieder rüber in den Westen, kam ein schlunziger Typ herein, offensichtlich high, schaute durch uns hindurch und David – seinen Namen hatte mir der blasse Brite genannt – grüßte ihn.

»Iggy, it's really late, or early. Depends on your perception of reality.«

Bastian Schweinsteiger

Wer David Bowie nicht erkennt, dem sei es bitte auch verziehen, einen Fussballgott nicht zu kennen. Ich habe nichts mit Fußball zu tun, war nie in einem Stadion, obwohl ich ja aus Dortmund komme, und dort ist der BVB kein Verein, BVB ist Religion! Und das Westfalenstadion die Kirche. Ich wusste gerade mal, wer Gerd Müller war, aber da hörte es auf.

In den ersten Jahren des neuen Millenniums hatte ich mich als Fotograf etabliert und fotografierte auch für das Magazin »JOY Celebrity«. Ich flog mit Yasmina Filali nach Saint-Tropez, um ein Editorial zu shooten. Wir verstanden uns super und sie erzählte mir, dass ihr Mann, Thomas Helmer, ein Fußballer, für »Engbers« modeln würde, und die bräuchten frischen Wind in ihren Bildern. Ich stellte mich vor, bekam den Job und wir hatten einige Shootings mit Thomas in Miami und New York. Das nächste Mal sollte es nach Dubai gehen. Wir flogen in die Wüstenstadt, machten unser Shooting und am letzten Abend brachte Thomas einen Freund mit. Groß, jung, attraktiv. Spielte wohl auch Fußball, hatte Thomas gesagt. Wir begrüßten uns und saßen nebeneinander. Er war sehr freundlich und äußerst höflich, Anfang zwanzig, schätzte ich. Ich sprach also das Thema Fußball an, von dem ich ja kaum Ahnung hatte, und fragte ihn, ob er das beruflich mache. Er nickte und sah mich erstaunt an. Als ich ihn fragte, ob er denn schon mal ein Tor geschossen hätte, brach nicht nur der junge Mann neben mir, sondern auch Thomas Helmer in Lachen aus. Was war denn daran so lustig?

»Also spielst du in einem Verein, nehme ich an, wenn du das hauptberuflich machst. Bei wem bist du denn?«

»Bayern München.«

»Ah, die kenne ich, die liegen immer hinterm BVB.«

Eine erneute Lachsalve. Na gut, Hauptsache, sie hatten Spaß.

Von Bastian erfuhr ich schließlich einiges, unter anderem, dass es im Verein Jungs gab, die die Schuhe der Spieler säuberten.

»Seltsam, warum macht ihr das denn nicht selbst? Oder herrscht bei euch eine Art Hofzeremoniell?«

Es war ein amüsanter Abend, besonders für die anderen. Wir machten dann noch ein Bild auf meinem Handy – nach heutigen Maßstäben vorsintflutlich, denn wie gesagt, es gab Handys, aber keine Smartphones. Es reichte jedenfalls und ich schickte das Bild meinem Onkel Horst nach Dortmund. Der würde den Typen wohl kennen. Das tat er auch. Er muss einer Ohnmacht nahe gewesen sein, weil ich mit »Schweini« – so nannte ihn Thomas Helmer – in Dubai Abendbrot gegessen hatte. Wie das Leben so spielt.

Inzwischen ist Bastian Schweinsteiger eine Legende. Ich habe nach ihm nie wieder einen Fußballer getroffen und außer Pelé und Ronaldo fällt mir auch keiner ein.

6. VERONAS WELT! DA WERDEN SIE GEHOLFEN!

Sternstunden deutscher TV-Werbespots:

Kinder Schokolade: »Viel Milch, wenig Kakao!« Nicht zu vergessen die geniale Ritter Sport: »Quadratisch. Praktisch. Gut.« Das hatte dann nicht mehr viel mit Schokolade zu tun. Oder erinnern wir uns an Palmolive, ein fettlösendes Spülmittel, das gut für Hände und Nägel sein sollte. »Sie baden gerade Ihre Hände darin«, damit überzeugte Tilly jede Hausfrau. Und wer erinnert sich nicht an Clementine in ihrem blütenweißen Overall, der dank Ariel so »rein« war wie die Hemdkragen deutscher Büroangestellten.

Das »Mobiltelefon«, manche von ihnen sogar mit einer Kamera ausgestattet, die man getrost vergessen konnte, erfreute sich in den Neunzigerjahren großer Beliebtheit, mit dem Internet haperte es noch. »11880, da werden Sie geholfen«, der Werbeschlager schlechthin, demonstrierte in einem Spot für eine Telefonauskunft den Witz, die Selbstironie und die Cleverness von Verona Feldbusch, die ihr Image bis heute gekonnt, bewusst und finanziell sehr einträglich vermarktet. Auf die Frage, was »Verona« auf Chinesisch heißt, erwiderte sie 1999, schlagfertig, wie sie ist und war: »Dumm-Ding«.

Ich liebe Frauen wie Verona Feldbusch und Heidi Klum. Geschäftsfrauen! Clever! Die ihr Image selber gekonnt vermarkten.

Ende des letzten Jahrtausends wurden die Spots für »11880« (»elf achtundachtzig null«) gedreht. Ich machte damals die Haare und das Make-up für Verona, war zwar schon Fotograf, aber die großen Jobs ließen auf sich warten. Noch! Damals hieß Verona noch »Feldbusch«, heute ist ihr Name »Pooth«, und sie ist, wie in alten Zeiten, ganz weit vorne und mit dabei im deutschen Medienzirkus. Fünfundzwanzig Jahre lang die vermeintlich Naive zu spielen, ist ein harter Job. Wer kennt sie nicht, die Frau, der locker eine Bemerkung wie »der Urknall des Nichts« einfällt, wenn sie die vierwöchige Ehe mit Pop-Titan Dieter Bohlen kommentieren soll. Auf so eine Beschreibung muss man erst mal kommen, und sie sagt alles über Verona und was ich an ihr schätze: ihre Schlagfertigkeit, ihren Witz, ihren Humor und die Tatsache, dass sie, allen Unkenrufen zum Trotz, äußerst intelligent ist.

Mitte der Neunzigerjahre erfüllte mich die Arbeit als Make-up-Artist nicht mehr zu hundert Prozent. Ich wollte auf zu neuen Ufern, etwas anderes machen, meine Talente neu einsetzen. Mit der Schauspielerei hatte es nicht geklappt, das New Yorker High Life schien meiner Gesundheit nicht gutzutun, und dann hatte ich einen ziemlich heftigen Motorradunfall, bei dem ich mir nicht nur die Hüfte verletzte, sondern auch diverse Knochen in meinem rechten Arm. Offener Bruch. Autsch! Eine Operation und zwei Stahlplatten retteten zwar den Arm, aber das Leben ist eben kein Wunschkonzert. Ich war erst einmal für sechs Monate außer Gefecht gesetzt.

Was tun? Ich ging zur Physiotherapie, schrieb mit der linken Hand ein monströses Schauspiel namens »All about Claudia«, das später im Papierkorb landete, und wusste, dass die Zeit reif für etwas Neues war. Fotografie lag nahe, und so kaufte ich mir auf einer Reise in Miami in einem Second-Hand-Laden eine Kamera und zwei Objektive. Ich fotografierte die Modelle, deren Make-up ich gemacht hatte, in der Mittagspause und es entstanden Porträts, die heute, gelinde ausgedrückt, Seltenheitswert haben. Die Digitalfotografie gab es noch nicht. Als der gnadenlose Autodidakt, als der ich mich bereits offenbart habe, brachte ich mir vieles durch Learning by Doing bei. Ich bekam meine ersten Jobs, hauptsächlich unbezahlte Editorials für amerikanische Kunden. Die Amis fanden es gut, dass ich etwas Neues machte. In Deutschland war das nicht der Fall. Im Sommer arbeitete ich dort weiterhin als Make-up-Artist.

Wenn die Fotografen erfuhren, dass ich selbst »knipste«, blockten sie schnell ab. Bis auf wenige Ausnahmen hatten viele Futterneid. Man sprach vom wildgewordenen Friseur, der wohl glaubte, er könne so einfach die Sparte wechseln. Das tat er auch, aber es war kein einfacher Weg. Meine Agentur hatte auf einmal Probleme, mich zu verkaufen. Aber ich lasse mich ja nicht unterkriegen und war fest davon überzeugt, dass mein Talent mir den Weg zum professionellen Fotografen ebnen würde.

1996 wurde ich für einen Job mit Bonnie Tyler gebucht, die ich schon immer gerne mochte. Als ich im Studio ankam, saß dort allerdings jemand anderes und wartete darauf, geschminkt zu werden, denn Bonnie kam erst am Nachmittag. Vor mir stand eine junge Frau mit dunklen Haaren, einem Hammerbody und einer interessanten Stimme. Erst ein paar Tage zuvor war mir die Frau dank einer Schlagzeile der »Bild« aufgefallen. Verona Feldbusch. Die Blitzscheidung von Dieter Bohlen hatte sie bekannt gemacht, nachdem sie bereits als Sängerin mit »Ritmo de la Noche« Erfolge gehabt und auch einige Schönheitswettbewerbe in Deutschland und im Ausland gewonnen hatte. Ich schminkte sie für Promo-Fotos, die sie für eine neue TV-Sendung brauchte: »Peep!«. Ausgestrahlt bei RTL2. Eine Sendung rund um Sex und Erotik, konzipiert als Gegenpol zu der sehr erfolgreichen Sendung von Lilo Wanders bei VOX: »Wahre Liebe«. Bei dieser Sendung ging es richtig zur Sache, Frau Wanders klärte in den Neunzigerjahren halb Deutschland auf, während es sich bei »Peep!« um eine Talkshow mit Prominenten handelte.

Ich mochte Verona. Sie war schön, hatte die Größe und die Figur eines Models, sie war natürlich, freundlich, ehrgeizig, hatte keine Allüren, aber sie hinterließ an diesem Tag noch keinen nachhaltigen Eindruck auf mich. Nach den Aufnahmen mit ihr kam dann Bonnie Tyler, bereits fertig geschminkt und frisiert, und außer ihre Nase abzupudern, hatte ich nicht viel zu tun. Auch sie mit beiden britischen Beinen auf dem Boden, professionell und herzlich. Es gab viel zu lachen, denn sie versprühte einen wunderbaren Humor.

Ein paar Tage später flog ich zurück nach New York und dachte nicht an Verona, »Peep!« oder das, was da noch kommen sollte.

Ich verbrachte in diesem Winter viel Zeit in Miami und baute mir ein Portfolio auf. So langsam kam die Sache ins Laufen und ich fotografierte mehr und mehr für amerikanische Kunden. Zwei Jahre später flog ich im Herbst wieder nach Hamburg, ich wollte den deutschen Markt erkunden und mich ganz auf die Fotografie konzentrieren. Den Make-up-Koffer hatte ich trotzdem dabei, man konnte ja nie wissen. Ich stellte mich bei einigen Magazinen in Hamburg als Fotograf vor, doch der gewünschte Erfolg blieb vorerst aus.

Nach ein paar Tagen rief mich meine Agentin Birgit Claussen an. »Verona ruft!« Ich sollte für einige Aufzeichnungen von »Peep!« ihr Make-up machen. Die Gage war sehr gut, es waren allerdings auch Zwölf-Stunden-Tage, denn es wurden jeweils zwei Sendungen mit drei bis vier Gästen aufgezeichnet.

Am nächsten Morgen fuhr ich zum Studio, das im Nordosten der Stadt lag, und traf dort pünktlich auf Verona. Sie trug einen grün-violetten Trainingsanzug, die Haare zum Pferdeschwanz gebunden und ungeschminkt. Ich schmunzelte, denn sie sah eher wie eine Gymnasiastin aus, die gleich zum Sporttraining musste. Das sagte ich ihr auch, und wir lachten.

Genau dieser herzliche Humor bestärkte den Anfang einer Zusammenarbeit, die ein Jahr andauern sollte. Während dieser Zeit lernte ich viel von Verona, was ich ihr bei einem Dinner nach einer Show auch sagte.

Sie sah mich erstaunt an und fragte: »Du kannst was von mir lernen?«

Ich nickte: »Aber klar! Ich wünschte, ich hätte deine Schlagfertigkeit, deinen Witz und deinen Ehrgeiz. Du kannst super mit Menschen umgehen und hast keine Berührungsängste, auch wenn sie noch so berühmt sind. Du bist zutiefst menschlich und verbindest das mit Charme und Cleverness. Hut ab!«

Das Kompliment war ehrlich gemeint, denn ihr Honig um den nicht vorhandenen Damenbart zu schmieren, hätte nichts gebracht. Sie war sehr authentisch, das machte ihren Erfolg aus, und witterte sofort, wenn jemand nicht ehrlich war. Sie hatte damals unglaublich viel um die Ohren, moderierte »Peep!«, eine zweite Show »Veronas Welt«, hinzu kamen Auftritte bei Shows, von »Wetten dass..?« über »Goldene Kamera« bis hin zur Werbung für Spinat, auch ein Klassiker, ich sage nur »Blubb!«. Volles Programm, und ich war nicht immer dabei, denn mein Hauptwohnsitz war New York. Doch wann immer ich in Deutschland war, arbeiteten wir zusammen. Während ich Verona für »Peep!« verschönerte, gingen wir oft die Gästeliste durch und ich steuerte mein Wissen zu den illustren Gästen, die ich in der Regel kannte, gerne bei. Yehudi Menuhin bei »Wetten dass..?« und Peter Ustinov bei der Expo zu treffen, waren Highlights für mich. Verona und ich reisten so viel herum, dass ich zum »Senator« bei der Lufthansa wurde.

Anfang 1999 wurde Verona als Präsentatorin für die »Goldene Kamera« in Berlin gebucht. Wir flogen morgens von Hamburg nach Berlin. Ich weiß selbst nicht, wie sie das atemraubende Tempo und den Einsatz in diesen Zeiten ihrer Karriere so wunderbar meisterte. Sie war hart im Nehmen und unglaublich professionell. Und immer nett zu ihren Fans, die sie überall umlagerten. Egal ob am Flughafen, nach einer Show oder an Reisetagen, wenn wir einen kurzen Stopp an einer Tankstelle machten. Jeder kannte sie und wollte ein Autogramm oder ein Foto, wenn eine Kamera in der Nähe war. Das schlaucht, das zehrt und förderte in mir einen großen Beschützerinstinkt zutage. Wenn ich mit ihr arbeitete, war ich in Veronas Welt, und das zu hundert Prozent. Ich glaube, ich hätte mich für sie duelliert, wenn es nötig gewesen wäre. Manche Frauen im Allgemeinen und Verona im Besonderen haben einfach diese Power, dass ich ihnen mein Herz zu Füßen legen möchte. Ich legte mich sogar hinter den Kulissen ein paar Mal mit aufdringlichen Fotografen an, die ihr zu nah auf die samtweiche Pelle rücken wollten.

Es lagen also anstrengende Tage hinter ihr. Innerhalb von zwei Wochen lief es nonstop. »Peep!«, »Veronas Welt«, eine Aufzeichnung für RTL2 in Leipzig – Verona moderierte dort eine Schlagersendung gemeinsam mit Ralph Morgenstern. Von Rex Gildo bis Marianne Rosenberg war die gesamte Hitparadenprominenz vertreten. Mehr dazu im letzten Kapitel dieses Buches.

Am nächsten Morgen fuhr ich mit Verona im Auto von Leipzig kommend durch das verschneite Deutschland. Spätabends erreichten wir Hamburg und machten in einem Studio noch Overdubs für einen Werbespot. Dann fuhren wir in meinem alten Renault 4, einem klapperigen Kastenwagen, den ich sehr liebte und den mir Lilo Wanders »vererbt« hatte, zu Veronas Wohnung. Sie rutschte auf dem verschneiten Gehweg aus und verstauchte sich den Fuß.

Wer nicht in diesem Business ist, macht sich keine Vorstellung davon, was es bedeutet, berühmt zu sein. Es ist harte Arbeit, immenser Stress und Druck für den- oder diejenige/n, der/die vor der Kamera steht und funktionieren muss. Das hinterlässt Spuren.

Am nächsten Morgen ging es ihr nicht besonders gut. Wir saßen in der Senator Lounge und plötzlich liefen ihr Tränen die Wange hinunter. »Ich weiß auch nicht, was los ist, Michi.« (Es gibt nur sehr wenige Menschen, die mich so nennen dürfen, Verona gehörte dazu.) Ich beruhigte sie und sagte ihr, dass es mich eher generell überrasche, wie sie ihr sehr anstrengendes Arbeitspensum ohne

Pause oder Zusammenbruch absolviere. Es waren einfach die Nerven und sie brauchte Ruhe.

Wir flogen nach Berlin und hatten ein paar Stunden Zeit, bevor wir um 19:30 Uhr im Theater am Gendarmenmarkt sein mussten. Keine fünf Minuten Fußweg vom Hotel Four Seasons entfernt.

Gegen 17 Uhr war Verona wieder fit, ich zauberte ein bisschen und um 19 Uhr war sie fertig für den Auftritt, der auch im Fernsehen übertragen wurde. Fehlte nur noch das Outfit. Sie hatte für diesen Abend ein atemberaubendes, schulterfreies, glitzerndes rotes Abendkleid; ich glaube, es war von Sonja, ihrer Stylistin, gefertigt, die aber nicht dabei war. Das Kleid war der Hingucker des Abends und führte zu manch neidischem Blick und Kommentar. Eine sehr bekannte ältere Schauspielerin, deren Namen ich hier nicht erwähne, schnaubte vor laufender Boulevardpressekamera: »Na, wenn man es nötig hat, so etwas anzuziehen, wo die Äpfelchen fast herausfallen …«

Aber Verona konnte es sich leisten, und wer zuletzt lacht, lacht am besten. Lindenstraße hin oder her. Um kurz nach sieben schlüpfte sie in das Kleid, drehte sich zu mir um und sagte: »Michi, mach mir mal den Reißverschluss zu!« Ich gab mein Bestes, aber leider klemmte dieser Reißverschluss und ließ sich nicht schließen. Was tun? Einen Ersatz für das Outfit gab es nicht. Ich bin kein Schneider, aber ein guter Nervenberuhiger. Ich war an diesem Abend auch Veronas offizieller »Walker«, das heißt, ich ging mit ihr über den roten Teppich und war auch bei dem Dinner nach der Vorstellung an Veronas Tisch. Da saß ich dann später neben Joan Collins und Larry Hagman, die an diesem Abend die Goldene Kamera erhielten. Larry machte sich über mein Outfit lustig, was gerechtfertigt, aber uncharmant war. Joan Collins tätschelte mir die Hand. Sie hatte zwar keine Ahnung, wer ich war, doch anscheinend war ihr das egal. Sie sah Larry an und sagte: »Dynasty always had more class than Dallas, my dear. I like your outfit, Michael.«

Ich konterte mit einem Zitat der Dietrich. »Lie some more, you lie so well.«

Miss Collins lachte und meinte nur, ich würde wohl etwas von der klassischen Kinokunst verstehen, womit sie recht hatte. Wir sprachen kurz über Marlene und ihren Anruf vor ein paar Jahren. Sie erzählte mir von der Dietrich, die sie ein paar Mal getroffen hatte.

Joan Collins war wunderbar und ich vergaß den Dallas-Fiesling mit seinem Cowboyhut – übrigens auch keine Sternstunde der Mode. Miss Collins' Aktivitäten verfolge ich bis heute. Fast neunzig, sehr intelligent und scharfzüngig wie eh und je.

Zurück zu Veronas Reißverschluss. Was tun? Es gab kein Ersatzkleid.

»Keine Angst«, beruhigte ich sie, »ich halte dir den Rücken frei, im wahrsten Sinne des Wortes.«

Nachdem ich zwei der Sicherheitsnadeln, die das Kleid an der Oberweite zusammenhielten, am lädierten Reißverschluss befestigt hatte, gingen wir zum Aufzug. Dort stand schon Udo Walz, mit dem ich im Jahr zuvor bei dieser Veranstaltung gearbeitet hatte. Er sah uns belustigt an, denn meine Hand klebte förmlich an Veronas Reißverschluss. Hoffentlich hielt das Ganze beim Weg über den roten Teppich, ansonsten hätte die deutsche Boulevardpresse am nächsten Morgen eine fantastische Schlagzeile. Die Limousine war spät dran und somit auch Verona. Sie blieb cool und – Vollprofi, wie immer – ließ sich auch vom Nieselregen nicht die Laune verderben. Sie lächelte in die Kamera, meine Hand an ihrem Rücken, was die Berliner Zeitung dann doch am nächsten Tag mit einem Bild von uns beiden zu der Schlagzeile veranlasste: »Ist das Veronas Neuer?«

Wenn die gewusst hätten, was da wirklich ablief! Das Bild ist bis heute auf Getty Images und man kann es für sage und schreibe fünfhundert Dollar herunterladen. Obwohl ich denen kein Release gegeben habe. Ich weiß noch, wie die Fotografen sich auf Verona stürzten, als sie mich kurz umarmte. Ich brach in Panik aus, aber Verona meisterte auch diese Situation mit Bravour.

Nachdem wir es in die Garderobe des Theaters geschafft hatten, kümmerte sich eine sehr lustige Berliner Schneiderin um den Reißverschluss. Ich glaube, sie nähte ihn einfach zu. Wie auch immer, Frau Feldbusch stand pünktlich auf der Bühne und das Kleid hielt einen Abend lang. Gott sei Dank, denn auch Veronas Exgatte Dieter Bohlen und seine »Wieder-« Freundin Nadja waren anwesend. Verona und Dieter ignorierten einander stilvoll. Wie sagte Marlene noch? »It's a circus, a whole circus!«

Ich arbeitete noch ein paar Mal mit Verona zusammen, wir flogen nach Mallorca für »Wetten, dass..?«, tanzten mit Lou Bega und

Ricky Martin bei der After-Show-Party und irgendwann fragte sie mich, ob ich mir vorstellen könne, als Assistent für sie tätig zu sein. Eine große Ehre, aber meine Karriere als Fotograf kam endlich ins Rollen und schweren Herzens verabschiedete ich mich von ihr. Ich würde jederzeit alles stehen und liegen lassen und noch einmal ihr Make-up machen. Aber ich glaube, das kann sie ganz gut selbst. Wer aus dem Urknall des Nichts so eine Karriere hinlegt, die bis heute erfolgreich ist, dem gebührt mein tiefster Respekt. Und mein Herz, das sie mir damals stahl. Ein bisschen zumindest!

7. VOLL PORNO!

Ende des Jahres 1999. Ich war in Hamburg und arbeitete für zwei Wochen im Studio an einem freien Projekt. Das Thema: Drogen, Abhängigkeit, Prostitution, Missbrauch, Porno. Das hatte wenig mit Glamour, Schönheit und der Oberfläche zu tun. Schick war es ganz bestimmt nicht. Die meisten schauten lieber in die andere Richtung. Mich aber kotzte das offensichtlich existierende Drogenproblem in Hamburg an. Da wurde offen in St. Pauli gedealt, die Polizei unternahm nichts, in den Unterführungen des Hauptbahnhofs wurden harte Drogen gespritzt. Eines Morgens, nachdem ich im Anschluss an ein Meeting mit einer Werbeagentur die City verlassen wollte, musste ich mit ansehen, wie eine völlig zugedröhnte junge Frau am Steindamm vor ein Auto lief. Tot!

Ich beschloss, etwas zu tun. Mir schwebten Bilder für eine Konzeptausstellung vor. »Keine Zeit für Eitelkeit«. Fünfundzwanzig Frauen, Männer und Transsexuelle im Alter von sechzehn bis fünfundsechzig Jahren, die langzeitabhängig waren. Hauptsächlich von Heroin und Kokain. Einige Klienten benutzten das Ersatzmittel Methadon, das Problem von Sucht und Abhängigkeit war damit aber nicht gelöst. Eine schwierige Situation. Gebrochene Menschen auf der Suche nach einem Ausweg, einer Lösung und gesellschaftlicher Akzeptanz. Ich stürzte mich in eine unglaublich intensive Arbeit, die viel Zeit und Energie in Anspruch nahm, mir aber umso mehr gab an Erfahrung und Wissen. Für meinen Job und für mich als Mensch.

Kurz vor Weihnachten waren wir damit fertig. Ich flog zurück nach New York und brauchte einige Zeit, um mich zu erholen. Ich hatte seit einem halben Jahr ohne Pause gearbeitet und die Batterien waren einfach leer. Erst Ende Januar kam ich wieder zu mir. Und dann kamen auf einmal weniger Jobs. Das ist in meiner Branche so.

Wie Heidi Klum so schön und treffend bemerkte: »One day you're in, next day you're out.« Leider hat sie recht. Man kann nicht immer oben schwimmen. Das werden viele Künstler und Freiberufler gut nachvollziehen können. Es traf mich dennoch hart. Von einem Extrem ins andere. Die Durststrecke sollte einige Monate andauern. Ab und zu stand ich im Studio, aber das »High«, das ich über einen Zeitraum von sechs Monaten erfahren hatte, war vorbei. Ja, Sucht kann sich auf verschiedene Weise zeigen. Ich bin süchtig nach Arbeit und somit dem Kontakt zu Menschen.

Im April packte ich kurz entschlossen meine Koffer und flog zurück nach Deutschland, hoffte, dass sich dort die Lage ändern würde. Ich entwickelte zunächst die Bilder und dann ein Konzept zu der Produktion im zurückliegenden Dezember. Wir hatten dank Lilo Wanders einen Sponsor gefunden und die Ausstellung sollte im Hamburger Hauptbahnhof gezeigt werden. Lilo, Isabel Varell und Ingrid Steuer waren »Paten«, unterstützten das Projekt, ein Buch sollte entstehen. Viel Arbeit, viel Ehre, wenig Kohle. Die Miete zahlte sich nicht von alleine.

Ein paar Wochen vor der Ausstellungseröffnung rief mich Lilo an. »Sag mal, schminkst du eigentlich noch?«

Ich überlegte kurz. »Kommt auf den Anlass und die Bezahlung an.«

»Die Bezahlung ist mehr als gut. Eintausendfünfhundert für den Tag. Schließlich bist du ja nicht irgendwer. Das Problem könnte eher der Anlass sein.«

Ich schrecke ja vor wenigen Dingen zurück. Was meinte Lilo?

»Nun, ich hatte in der letzten Ausgabe von ›Wahre Liebe‹ eine sehr bekannte Pornodarstellerin zu Gast: Kelly Trump. Sie sucht dringend nach einem Visagisten für Bilder.«

»Das kommt auf die Bilder an«, entgegnete ich vorsichtig. Ich bin nicht unbedingt ein Fan von Porno oder dieser Industrie. Bin es nie gewesen.

»Nun, es geht um Autogrammkarten und Cover für die Videoboxen ihres letzten Films. Ruf sie doch einfach an. Das Shooting ist in Hamburg, im ›Bunker‹.«

Die ehemaligen »PPS Studios« im Bunker am Heiligengeistfeld in Sankt Pauli waren damals die angesagtesten Fotostudios in Hamburg. Interessant, dass dort auch Fotos für die Pornoindustrie gemacht wurden. Manchmal war ich wirklich blauäugig.

Ich ging kurz in mich. Den Fotografen kannte ich nicht, das war gut, denn ich war ja selbst Fotograf und wollte natürlich, wenn überhaupt, diesen Job »undercover« machen. Eintausendfünfhundert

Euro waren und sind immer noch gutes Geld für einen Job, den ich damals wie heute durchaus beherrsche.

Ich rief die »Darstellerin« Kelly Trump an. So werden Mitwirkende in Pornos genannt: »Darsteller*innen«. Das hatte mir Lilo noch gesagt. »Schauspieler*innen« wäre wahrscheinlich auch nicht die richtige Bezeichnung.

Kelly hieß eigentlich Nicole, kam aus Duisburg und war sehr sympathisch, wusste gleich, wer ich war, und erklärte, dass es nur um Gesicht und Body gehe. »Kein Porno. Ich brauche einfach gute Bilder. Erotische Fotos, auf einem Rosenbett, glaube ich. Wir haben so was Ähnliches gedreht wie ›American Beauty‹. Als Porno natürlich.« Sie lachte.

Ich ließ mich drauf ein. Vorurteile brauche ich nicht, und solange ich niemandem zwischen die Beine gehen muss oder mir einer oder eine zwischen die Beine greift, ist alles in Ordnung.

Das Shooting war für die übernächste Woche angesagt. Inzwischen hatten wir für die Ausstellung das Okay vom Hamburger Bahnhof bekommen. Für einige Wochen sollte dort meine fotografische Arbeit zum Thema »Sucht« gezeigt werden. Das würde uns einen Schritt weiterbringen. Es sollte allerdings noch vier Jahre dauern, bis die Bundesregierung dieses Projekt sponserte und eine Wanderausstellung namens »Traffic« entstand.

Ein paar Tage später bekam ich einen Anruf vom »Hamburger Abendblatt«, der größten Tageszeitung in Norddeutschland. Sie wollten ein Interview mit mir machen. Am besten morgen. Ob ich Zeit hätte? Klar, dachte ich, gleich nach meinem Job als Visagist für die deutsche Pornoindustrie, denn die Termine überschnitten sich. Das konnte ja heiter werden! Ich war, wie gesagt, manchmal etwas naiv, gleichzeitig aber auch waghalsig. Also bat ich die Journalistin, gegen 13 Uhr im Studio zu sein. In der Mittagspause sollte sich doch wohl ein Moment ergeben, in dem ich mit dem Reporter sprechen konnte.

Am nächsten Tag fuhr ich samt Zarges-Box und Föhn zum »Bunker«. Das Shooting fand in einem Studio statt, das ich noch nicht kannte. Es lag ganz oben unter dem nicht vorhandenen Dach und man konnte sogar auf die Plattform steigen und hatte einen tollen Blick über die Stadt. Damals hatte keines der anderen Studios im »Bunker« Fenster. Wie gesagt, wir reden von einem massiven Betonbunker aus der Nazizeit – für alle, die das Gebäude nicht kennen. Heute befindet sich dort in den oberen Etagen ein Hotel der Luxusklasse.

Kelly war bereits da und saß im Bademantel in der Garderobe. Sie stand auf, begrüßte mich, ihr Bademantel stand offen. Darunter war sie nackt, denn sie brauchte ja kein Kostüm für die Fotos. Praktisch!

Ja, schönen guten Morgen, dachte ich, willkommen in der Pornowelt, da war das eben so. Sie bemerkte meinen Blick, sah mich an, lächelte. »Sorry.« Kurzerhand schloss sie den Bademantel. Eine kluge Frau, deren Blick auf andere nicht verloren gegangen war.

Ich machte mich ans Werk und nach neunzig Minuten schaute Kelly in den Spiegel. »So habe ich noch nie ausgesehen. Unglaublich, wie Pamela Anderson, Wahnsinn!«

Der Fotograf machte die ersten Bilder, alle waren happy. Auch der Produzent, dem Deutschlands größte Pornoproduktion, MFG, damals gehörte, bei dem Kelly wohl unter Vertrag stand. Ein Macho wie aus dem Bilderbuch, obendrein ein knallharter Geschäftsmann. Der Mann vom Kartell!

»Du machst ja einen Superjob«, urteilte er. »Gut siehst du auch noch aus! Hast du Bock, mal in einem Film mitzuspielen? Wir zahlen gut.«

Oh mein Gott, wenn der wüsste! Ganz falsche Adresse. Ich lehnte dankend ab.

»Ja, kein Problem, aber du könntest Kelly in ihrem neuen Film schminken, vier Tage Drehzeit. Und du musst nur schminken. Am Set hast du nichts mit dem Gefickе zu tun.«

Klare Worte. Make-up für einen Pornofilm? Nein, das musste dann doch nicht sein.

Wieder lehnte ich dankend ab. »Ich mache nur Studioarbeit, Fotos, keine Filme. Ist nicht so mein Ding!«

Der Produzent nahm es gelassen.

Ich puderte Kelly erneut ab, schaute auf die Uhr, es war kurz vor eins, Mittagspause. Der Empfang meldete sich und die Sekretärin des Studios kam in die Garderobe.

»Entschuldige, da möchte jemand mit dem Fotografen Michael Reh sprechen. Das bist doch du, aber du bist doch Visagist?«

Das »Hamburger Abendblatt«! Die hatte ich gar nicht mehr auf dem Schirm.

»Ach, die haben sich wohl vertan, ich komm am besten mal mit.«

Kelly musterte mich eindringlich, sagte aber nichts.

Ich kniff ein Auge zu. »Esst ruhig, ich geselle mich dann später dazu.«

Am Empfang stand die Journalistin des Abendblatts. Mit einem Fotografen. Ich schleuste die beiden am Set vorbei, ohne dass das Thema des Shootings zu offensichtlich war. »Das Wetter ist doch gut. Gehen wir aufs Dach, da können wir ein Foto machen und haben etwas Ruhe.«

Gesagt, getan. Wir machten das Interview und ein paar Bilder, das Ganze erschien am übernächsten Tag. Ich wurde noch gefragt, was ich denn da heute so fotografiere.

»Ich helfe einem Freund. Alles andere ist ein großes Geheimnis. Celebrities, na ihr wisst schon.«

Ich schleuste die beiden wieder nach draußen und atmete auf. Das war doch problemlos gelaufen.

Nach dem Mittagessen frischte ich Kellys Make-up auf.

»So, du bist also auch Fotograf? Und wirst interviewt? Worum geht's denn?«

Was sollte ich hier rumeiern? Sie wusste Bescheid! Schlaues Kind mit Intuition! Und Lügen haben kurze Beine! Ich erzählte von der Ausstellung, meinem Job und meinem Interesse an Dingen, die ich nie gemacht hatte, zum Beispiel Make-up für einen Erotikstar. Sie war cool, fragte nach der Ausstellung und dem Projekt. Dann sprachen wir über Drogen, Alkohol, Missbrauch und die Stellung von Frauen in der Pornoindustrie.

»Wenn du wüsstest, was da hinter den Kulissen los ist und wie wir Frauen manchmal behandelt werden. Das ist die reinste Machowelt. Einige der männlichen Darsteller sind echt Schweine, manche auch Sadisten. Da musst du dich als Frau schon behaupten und darfst dich nicht unterkriegen lassen. Vor allem, wenn du es mit mehreren Männern gleichzeitig machst. Ich habe Spaß am Sex, sonst hätte ich mir den Job nicht ausgesucht. Aber es macht eben nicht immer

Spaß, und viele sind auch drauf: Alkohol, Drogen … Bringt dich aber auch nicht weiter. Es ist ein Geschäft, und als das betrachte ich es. Mal sehen, wie lange ich das Ganze noch mitmache.«

Für einen Moment ließ sie die Maske fallen und ich konnte den Menschen hinter dem Erotikstar erkennen. Ein knallhartes Geschäft, mit dem sie da ihr Geld verdiente. Ich mochte Kelly immer mehr. Der Ruhrpott und direkte Ehrlichkeit verbinden – und wir kamen beide aus dem gleichen Stall! Sie wusste, was sie wollte, und hatte eine klare Meinung.

»Bald findet die ›Venus‹ in Berlin statt, da muss ich natürlich hin. Hättest du Zeit?«

Die »Venus« ist eine der größten Erotikmessen Europas. Dort werden auch Preise für die Filme und die Darsteller*innen vergeben. Der »Oscar« der Pornoindustrie. Die Kategorien erwähne ich an dieser Stelle nicht, die kann Mann und Frau sich durchaus vorstellen. Ob die »schauspielerischen« Darstellungen in Pornofilmen Preise wert sind? Die Frage lasse ich unbeantwortet. Talent ist eine seltsame Sache, und warum manche Schauspieler*innen in Hollywood den »wirklichen« Oskar bekommen, hat eher was mit Geschäft und Kohle zu tun und nicht unbedingt mit Talent.

»Steckt man nicht drin! Will man auch nicht«, würde meine Großmutter jetzt sagen. Sprichwörtlich, was die Pornoindustrie betrifft!

Berlin ist immer eine Reise wert, die Gage für zwei Tage stimmte, Hotel und Fahrt extra plus Spesen. Ich sagte zu. Außerdem war ich noch nie auf einer Erotikmesse gewesen. Man sollte ja alles zumindest einmal im Leben gesehen haben. Dachte ich damals. Manches hätte ich mir allerdings sparen können. Kelly war auf der Messe für Autogrammstunden gebucht und sollte abends bei der Preisverleihung dabei sein.

Einige Wochen später trafen wir uns in einem Hotel in Berlin, sie bekam das »Pamela Anderson Treatment«, dann ging es zu den Messehallen. Ich bin ja einiges gewohnt, aber das war dann doch ein starkes Stück.

Voll Porno!

Im wahrsten Sinne des Wortes. Und Tausende von notgeilen Männern, die mit Plastiktüten herumrannten und mal ihren »Star«

persönlich treffen wollten. Zu Beginn des Millenniums gab es das Internet im heutigen Sinne noch nicht und die Pornoindustrie boomte und produzierte aufwendige Filme, egal ob schwul oder hetero. Das war auf dieser Messe auch gemischt. Ich beobachtete Kelly, die ihren »Fans« Autogramme gab und ab und zu mit ihnen einen »Klaren« kippte. Jeder wollte ihr mal nahe sein oder ein Foto mit ihr machen. Geduldig machte Kelly das stundenlang mit. Kurze Pause, abpudern, Haare auffrischen, dann ging es weiter.

Zwischendurch sah ich Michaela Schaffrath, einen anderen deutschen Erotikstar, die auf einer Bühne mit drei Männern stand und sich dort vor der Öffentlichkeit »vergnügen« sollte. Mit Vergnügen oder Erotik hatte das aber nichts zu tun. Es war reine Arbeit. Für mich eher abtörnend, ja beinahe unangenehm, denn ich mag keinen »öffentlichen« Sex und möchte da auch nicht zuschauen. Aber das Publikum – zu achtzig Prozent Männer – johlte, hatte Spaß und die Hände in der Hosentasche.

Ich hatte das Gefühl, dass die meisten Darsteller*innen unterhalb des Kopfes überhaupt nicht stattfanden, so als ob sie ihren Körper benutzten und ihn benutzen ließen. Das stimmte mich traurig. Meine Vorstellung von Körperlichkeit und Liebe war eine andere.

Hinter den Kulissen der Stände wurde getrunken und geschnieft. Am Abend ging es dann zur Preisverleihung, viele Darsteller*innen der MVG waren anwesend. Einige der Männer dachten, ich sei der »Neue« im Bunde, und sie forderten mich auf, die Hose runterzulassen, damit sie sehen konnten, ob ich denn auch gut bestückt war.

Ein neuer Hengst? Konkurrenz? Wie gesagt, nicht meine Welt!

Am liebsten wäre ich gleich wieder gegangen, aber ich hatte ja eine »Begleiterfunktion« zu erfüllen.

Im Anschluss an die Preisverleihung ging es in einigen Ecken zur Sache. Zeit zu gehen, dachte ich, verabschiedete mich von Kelly und ging Richtung Ausgang. Nichts wie weg hier! Da sah ich eine junge brünette Frau, die plötzlich in die Knie ging und einer Ohnmacht nahe war. Bei mir schrillten die Alarmglocken. Drogen, Alkohol! Ich hatte die Neunziger in New York mitgemacht und erkannte die Zeichen. Die Frau war noch jung, ich half ihr auf, setzte sie auf einen Stuhl, sie schwitzte plötzlich. »Hast du Ecstasy genommen?« Sie sah mich mit glasigen Augen an und nickte. Ich ging zur nächsten Bar, holte Wasser. Sie war offensichtlich dehydriert. Sie trank, wollte mehr. Ich blieb bei ihr. Nach einigen Minuten ging es ihr besser, aber sie war vollkommen auf Droge. Ich hielt ihre Hand und wunderte mich, dass sie alleine war.

»Wo sind denn deine Freunde?«

Sie hob die Schultern. »Keine Ahnung, wahrscheinlich im Saal.« Ohne Vorwarnung kotzte sie mir auf die Hose. Ein toller Abend! Es war ihr natürlich unangenehm, aber ich hatte Ähnliches bereits in New York erlebt. Wie gesagt, die Neunziger in New York … Und ich war nie ein Kind von Traurigkeit gewesen.

Das bisschen Kotze bestand größtenteils aus Wasser. Und die Jeans konnte ich waschen.

In diesem Moment kam eine energisch wirkende Frau auf uns zu. Älter, Domina-Style. Sie übernahm das Ruder und das junge Mädchen: »Ich kümmere mich um sie. Mach du mal deine Hose sauber.«

Gesagt, getan. Zehn Minuten später saß ich im Taxi.

Jahre später sah ich die junge Frau, die mir auf die Hose gekotzt hatte, wieder. Sie hatte den Absprung geschafft und das Fach gewechselt: von der Darstellerin zur Schauspielerin. Gut für sie.

Auch Kelly verabschiedete sich ein Jahr später von der Industrie und wurde Moderatorin und Schauspielerin.

Es war damals schwierig, aus diesem Fach, aus dieser Industrie zu wechseln. Michaela Schaffrath gelang es kurzzeitig, aber das Label »Porno« bleibt haften.

Im Laufe der Jahrzehnte habe ich immer wieder Menschen getroffen, die in dieser Branche arbeiten. Das Internet hat die Pornoindustrie extrem verändert. Manchmal habe ich das Gefühl, die halbe Welt verkauft sich auf den »Just for fans«-Portalen. Sei es in Miami, New York oder in anderen Metropolen. Sex als Ware – Tauschwert? Ich bin bestimmt nicht prüde, aber ich habe selten Menschen getroffen, deren Arbeit in dieser »Branche« gesundheitsfördernd für Kopf oder Geist war – egal was sie mir erzählen.

Für mich war das der einzige Ausflug in die Welt der Pornoindustrie.

8. FRÜHSTÜCK MIT INGE MEYSEL

Im März 1999 war ich mit Verona in der Köln Arena. Sie moderierte vor achtzehntausend Zuschauern gemeinsam mit Thomas Gottschalk die Gala »Fünfzig Jahre Made in Germany«, eine Show des ZDF zum runden Geburtstag der Republik. Alles, was Rang und Namen hatte, gab sich an diesem Abend die Ehre.

Man hatte auch drei Ikonen der deutschen Fernsehgeschichte eingeladen. Inge Meysel, Heidi Kabel und Willy Millowitsch. Die »Mutter der Nation«, die »Ohnsorg-Theater-Ikone« und das »Kölner Urgestein«. »Volksschauspieler«. Die drei warteten hinter der Bühne auf ihren Auftritt. Die beiden Damen ignorierten einander. Von Freundschaft oder Kommunikation keine Spur.

Was mich nicht wunderte. Es hat nichts mit Rivalität zu tun, sondern eher mit einer politischen Gesinnung. Inge Meysel war Halbjüdin und hatte deswegen in Deutschland von 1933 bis 1945 Auftrittsverbot. Nach dem Krieg ging sie nach Hamburg ans Thalia Theater und wurde Charakterschauspielerin. Im Gegensatz zu Heidi Kabel, die am Ohnsorg-Theater auftrat und auf der Bühne sowie im Fernsehen ebenfalls Mutterrollen verkörperte, war die Meysel während der NSDAP-Zeit keine Mitläuferin. Sie war immer eine Revolutionärin, starrsinnig, eigen, individuell, und sagte zeit ihres Lebens öffentlich und privat jedem ihre Meinung. Die beiden Damen mochten sich verständlicherweise nicht besonders. Eiszeit!

Bevor Thomas und Verona die drei ankündigten, winkte mich die Meysel zu sich.

»Junger Mann, ich brauche etwas Puder und ein Glas Wasser.«

Das war keine Frage. Ich hatte Inge Meysel als Kind oft im Fernsehen gesehen, die ließ sich die Butter nicht vom Brot nehmen. Ich mag solche Frauen.

Ich holte ihr ein Glas Wasser, puderte kurz über ihr Gesicht und richtete ihren Hut. »Viel Glück«, sagte ich. »Und viel Spaß. Da warten achtzehntausend Menschen auf Sie.«

Sie musterte mich von oben bis unten. »Dann werden wir ihnen mal das geben, was sie erwarten.«

Sie wandte sich an Willy Millowitsch. »Komm, Willy, das schaffst du. Wir haben ganz andere Dinge überlebt.«

Ihr Blick streifte Heidi Kabel, die mit Handtasche im blau-violetten Dress die gutmütige alte Dame gab. Die Meysel, damals bereits fast neunzig Jahre alt, ging im schwarzen Kostüm und mit stechendem Schritt stolz auf die Bühne, die Kabel folgte, spielte die Naive, Millowitsch langsam am Stock gehend hinterher.

Achtzehntausend Menschen standen auf und applaudierten. Zu Recht. Bei dem kurzen Gespräch waren alle drei Vollprofis, die Damen taten allerdings immer noch so, als wäre die jeweils andere nicht da. Nach dem Auftritt nickte mir Inge Meysel kurz zu, tippte sich an den Hut und verschwand.

Ein Jahr später bat mich Lilo Wanders, sie zur Verleihung der Goldenen Kamera nach Berlin zu begleiten. Ich war bereits einige Male dort zu Gast gewesen und sagte erfreut zu. Wir wohnten im Four Seasons und gingen am Vorabend der Preisverleihung zu einer Party. Alle Nominierten und die Moderatoren waren eingeladen. Ein sehr lustiger Abend, der später in irgendeinem Berliner Promilokal mit Heike Makatsch und Götz Otto sein feucht-fröhliches Ende fand. Vorher standen Lilo und ich allerdings länger mit der bereits hochbetagten Inge Meysel zusammen, die das Treiben kopfschüttelnd betrachtete. Auf unsere Frage, was ihr denn nicht gefalle, erwiderte sie: »Die sind alle homosexuell hier.«

Lilo und ich lachten. Das hätten wir allerdings gewusst oder irgendwie mitbekommen.

Frau Meysel sah uns an. »Doch, glauben Sie mir!«, beharrte sie. »Die wissen das nur noch nicht.«

Erneut liebevolles Gelächter auf unserer Seite. Das konnte ja heiter werden. Wurde es auch. Lilo verzog sich mit Schampus und Zigarette zu Evelyn Künneke in eine Ecke und ich wechselte ein paar Worte mit George Clooney. Was ihn betraf, war ich mir sicher, dass Frau Meysels Vermutung nicht stimmte.

Am nächsten Tag war die Preisverleihung, wie immer gekonnt und spektakulär in Szene gesetzt von meinem Freund und Regisseur Utz Weber. Die Meysel holte sich ihren Preis und versicherte, dass sie im nächsten Jahr wiederkommen werde. Was leider nicht der Fall war.

Die Party im Anschluss an die Aufzeichnung war großartig und ging bis in die Puppen. Gegen 3 Uhr morgens fand ich in mein Bett.

Der Wecker klingelte um halb zehn, denn wir mussten mittags zurück nach Hamburg. Lilo frühstückt nie, und so ging ich allein in das Restaurant des Hotels. Es war nicht mehr viel los. An einem der Tische saß Inge Meysel. Auch allein. Aber mit Hut! Ich ging auf sie zu.

»Herzlichen Glückwunsch, Frau Meysel! Das konnte ich Ihnen gestern Abend leider nicht persönlich sagen. Eine wohlverdiente Goldene Kamera, wenn ich mir die Bemerkung erlauben darf.«

Sie vernahm den Respekt in meiner Stimme. Das waren keine leeren Worte, denn ich meinte es ernst. Ich hatte ja bereits einige Erfahrungen mit älteren Damen, die Legendenstatus genossen, und Inge Meysel gehörte für mich dazu. Über ein halbes Jahrhundert als Schauspielerin zu arbeiten, Erfolg zu haben und nicht vor unsympathischen Rollen zurückzuschrecken, das verdient Respekt. Und Bewunderung. Ich fand sie inspirierend, weil sie sich nie den Mund verbieten ließ und in Talkshows gerne verbal auf den Tisch haute, egal ob es um die schwule Community ging, Gleichberechtigung für Frauen, Abtreibung, egal. Es ging ihr immer um die freie Meinungsäußerung.

War sie unbequem? Ganz bestimmt, aber das gehört dazu, wenn Mann oder Frau individuell ist.

»Vielen Dank!« Inge Meysel musterte mich. »Wie war noch Ihr Name?«

»Michael Reh, wir haben vorgestern Abend bei der Party gesprochen.«

Sie sah mich entrüstet an. »Ja, natürlich, mit Ihrer Freundin Lilo Wanders. Ich bin doch nicht senil!«

»Das hat auch keiner behauptet, aber es war nicht unser erstes Treffen.«

»Auch das ist mir nicht entgangen, junger Mann. Ich habe das Gedächtnis eines Elefanten. Köln Arena, ZDF, volles Haus. Sie waren so nett, mir etwas zu trinken zu bringen.«

Dass sie sich daran erinnern konnte, wunderte mich.

»Genau, und Ihnen den Hut zu richten. War ja nicht unbedingt ein leichter Abend für Sie, zumindest hatte ich den Eindruck.«

»Ach, junger Mann, auch da darf ich Ihnen widersprechen. Für mich war er sehr amüsant, für meine Bühnenpartnerin vielleicht nicht. Aber warum sollte man sich böse sein? Die Welt dreht sich sowieso weiter und Wut tut einem nicht gut!«

Sie sah mich mit einem süffisanten Gesichtsausdruck an. »Ich habe eigentlich eine Besprechung, aber mein Frühstückspartner ist bereits zwanzig Minuten zu spät. Setzen Sie sich doch und trinken eine Tasse Kaffee mit mir. Vertreiben Sie mir ein wenig die Zeit.«

»Gerne, aber so jung bin ich auch nicht mehr. Ich bin in diesem Jahr achtunddreißig geworden.«

»Glauben Sie mir, in meinem Alter ist jede Person männlichen Geschlechts unter vierzig ein junger Mann. Außerdem werden die meisten Männer erst erwachsen, wenn sie vierzig sind. Vorher wird da viel gespielt und ausprobiert. Bis auf wenige Ausnahmen. Sie gehören, denke ich, nicht dazu.«

Ich lachte laut, denn sie hatte recht.

»Was machen Sie denn, außer den Menschen die Nase zu pudern?« Aus dem Mund eines jeden anderen hätte ich eine solche Frage als Beleidigung empfunden.

Ich arbeitete seit einem halben Jahr hauptberuflich als Fotograf und hatte vor Kurzem das bereits erwähnte Projekt zum Thema Sucht und Drogenmissbrauch in Angriff genommen. Meine Freundin Brigitte Goepel-Reinhardt und ich konzipierten die damit in Zusammenhang stehende Ausstellung und ich erzählte Inge Meysel davon.

»Wie haben Sie das denn gemacht? Hatten Sie ein besonderes Konzept?«, fragte die Meysel interessiert.

»Wir haben die Klienten ins Studio gebeten und ich habe versucht, ihnen ein anderes Bild von sich selbst zu zeigen, etwas Positives. Ich wollte wissen, was noch in ihnen steckt, etwas, was der Drogenkonsum noch nicht zerstört hatte.«

»Also eine Art Make-over?«

»Nicht ganz. Natürlich habe ich sie so fotografiert, wie sie ins Studio gekommen sind. Ich habe aber auch viel mit ihnen gesprochen, wollte herausfinden, was an Potenzial in ihnen steckt. An Wünschen! Es waren fünfundzwanzig Leute im Alter von sechzehn bis fünfundsechzig Jahren, eine wilde Mischung. Klar war das ein Make-over, aber auch ein inneres, es ging nicht nur um eine äußerliche Verwandlung. Eher um eine Positionierung, eine emotionale Bestärkung desjenigen, der gerade vor meiner Kamera stand. Ich wollte ihnen Mut geben, Hoffnung. Drogen sind eine Einbahnstraße, aber nicht unbedingt eine Sackgasse. Obwohl … bei Heroin ist das schon ziemlich heftig.«

»Ja, davon kommen nur zehn Prozent der Abhängigen los. Da braucht man viel Stärke. Und Hamburg hat damit ein großes Problem, das ist mir durchaus bekannt. Das war bestimmt eine Herausforderung für Sie.«

»Allerdings, aber auch immens wichtig für mich als Fotograf. Ich bin ja ein Spätzünder und habe erst vor ein paar Jahren mit diesem Job angefangen.«

»Das macht überhaupt nichts. Alter und Erfahrung schaden nie, wie Sie sehen. Alles braucht seine Zeit.« Sie hob die Hand und deutete auf sich.

Ich nickte. »Sie sind vielen und auch mir ein Vorbild, Frau Meysel.«

Sie winkte ab.

»Doch, ganz bestimmt! Auch wenn Sie einen Orden ablehnen, bedeutet das noch lange nicht, dass Sie ihn nicht verdienen. Zivilcourage kann man nicht lernen.«

»Da gebe ich Ihnen recht. Aber es war das Bundesverdienstkreuz, kein Orden, die sind ja meist militärisch. So ein Quatsch! Ich mag Unrecht nicht. Deswegen finden manche Menschen mich und meine Einstellungen oft unbequem.«

»Das ist ja deren Problem und sollte nicht Ihres sein.«

Sie schmunzelte. »Auch das ist mir durchaus bewusst.«

Die Kellnerin kam an unseren Tisch und brachte mir das bestellte Rührei. »Wir schließen in einer halben Stunde. Darf es sonst noch etwas für Sie sein?« Sie sah mich fragend an.

»Nein danke, alles okay so. Wenn ich noch etwas Kaffee bekommen könnte?« Ich hielt ihr meine Tasse entgegen, sie schenkte nach, dann wandte sie sich an meine Tischpartnerin.

»Und bei Ihnen ist hoffentlich alles zur Zufriedenheit? Möchten Sie noch etwas Tee, Frau Kabel?«

Für einen Moment herrschte Stille. Der absolute Supergau, wenn man wusste, in welches immense Fettnäpfchen die arme Kellnerin da gerade getreten war.

Die Meysel blieb ganz ruhig, ihr Mund zuckte unmerklich. Sie sah der Kellnerin direkt ins Gesicht und erwiderte: »Ich heiße Meysel und trinke Kaffee. Wenn Sie also so nett wären?«

Sie hielt ihre Tasse hoch und die Kellnerin, der in diesem Moment ihr – gelinde gesagt – Fauxpas bewusst wurde, goss zitternd Kaffee hinein. Einiges ging daneben und tropfte auf die Tischdecke.

»Bitte entschuldigen Sie, Frau Meysel.«

Ein kurzes Nicken meiner Tischpartnerin. »Das macht nichts, mein Kind, jetzt wissen Sie ja Bescheid.«

In diesem Moment stürmte ein Mann in den Frühstücksraum, kam auf uns zu und rettete der Kellnerin das Leben. »Frau Meysel, ich bitte tausend Mal um Vergebung. Der Verkehr! Ich stand fast eine halbe Stunde im Stau. Es tut mir schrecklich leid, dass ich so spät komme.«

»Dann sollten Sie das nächste Mal vielleicht den Bus nehmen.« Sie trank einen Schluck Kaffee und sah ihn strafend an. »Ich hasse Unpünktlichkeit. Setzen Sie sich.«

Sie stellte uns einander vor und trommelte schließlich mit den Fingern auf der Tischdecke. Es war Zeit für mich zu gehen.

Ich stand auf. »Es war mir wirklich eine Freude. Alles Gute, Frau Meysel, und danke für die Zeit.«

»Viel Glück mit Ihrem Projekt, das wird schon. Da bin ich mir sicher.«

»Ich mir auch.«

Wir sahen uns an, ein Lächeln erschien auf dem wunderbaren alten Gesicht.

»Geben Sie niemals klein bei oder auf!«

Ich nickte, nahm ihre Hand und hauchte einen Kuss darauf.

»Das wäre ja wohl noch schöner!«

9. LAUREN BACALL: FAHRSTUHL ZUM WÄSCHEKELLER

»Balducci's« war ein Delikatessengeschäft im West Village in New York an der Sixth Avenue und der 9. Straße. Ein nicht gerade preiswerter Tempel für Gourmetliebhaber. Und für Deutsche, die gutes Brot suchten. Trotz der hohen Preise ging ich in den Neunzigerjahren dort regelmäßig einkaufen, als ich in New York lebte. Es gab alles, was das Herz und der Magen begehrten, und Einkaufen war nicht nur »Shoppen«, sondern immer auch ein Erlebnis. Man konnte viele Dinge einfach probieren, besonders am Käse-, Fleisch- und Wurststand. Zudem gab es dort herrliche Backwaren aus der eigenen Konditorei und, wie erwähnt, gutes Brot. Sehr schwierig zu finden in New York, ganz zu schweigen von dem Rest der USA.

Ich ging meistens am frühen Donnerstagabend dorthin, denn für das Wochenende musste man Eintrittskarten bestellen, so voll war der Laden dann.

An einem kühlen Freitagabend im Oktober, nach einem anstrengenden Job für einen amerikanischen Katalog, machte ich mich auf zu meinem wöchentlichen Besuch bei Balducci's, um mich für die Strapazen der zurückliegenden Woche zu belohnen. Ich liebe gutes Essen! Ich wohnte zehn Minuten zu Fuß entfernt in der 15. Straße in Chelsea. Schnell lief ich durch die vollen Straßen von Manhattan und betrat den Laden gegen 18 Uhr. Es war kurz vor der Rushhour und noch nicht allzu voll. Die Kassen befanden sich auf der linken Seite, alles war sehr eng, denn nichts ist so teuer wie Raum in New York. Ich sah Naomi Campbell und Kate Moss in der Schlange vor einer der Kassen, winkte ihnen kurz zu und nahm mir einen Einkaufskorb, denn für einen Einkaufswagen kaufte ich nie genug ein. Dann ging ich nach rechts und inspizierte die Kuchentheke. Ich hatte und habe immer noch einen »süßen Zahn«. Mit Kuchen kann man mich gewinnen und verführen. Es gab wie immer wunderbare Kekse, die bei mir ein neues Zuhause finden würden, wenn auch nur für sehr kurze Zeit. Manchmal schafften die Plätzchen, die ich dort kaufte, noch nicht einmal den Weg in mein Apartment und segneten das Zeitliche bereits auf der Straße. Ich ging weiter zur Wursttheke, der Käsestand war daran angeschlossen. Aufgrund meiner Laktoseunverträglichkeit hielt ich mich dort nie lange auf. Ich bestellte meine Lieblingssalami.

Neben mir stand eine mondäne ältere Dame und probierte Käsehäppchen. Nicht eins oder zwei, sondern mehrere, und das mit vollem Eifer und gutem Appetit. Ich hörte die tiefe, sonore Stimme und drehte mich zu ihr um.

Neben mir stand Lauren Bacall. Es ist durchaus nicht ungewöhnlich, in New York Filmstars und andere Berühmtheiten zu treffen, denn sie leben dort und gehen – man soll es kaum glauben – auch selber einkaufen. Aber eine Hollywoodlegende wie die Bacall an der Käsetheke neben mir zu haben, damit hatte ich nicht gerechnet und es ist auch nie wieder vorgekommen.

Meine Freundin Brigitte war Lauren Bacall vor ein paar Monaten auf Ute Lempers Hochzeit in Paris begegnet. Lauren und Ute standen im »All Star Ensemble« für Robert Altmans Film »Prêt-à-porter« vor der Kamera. Ute, hochschwanger mit ihrem Sohn Max, hatte in Paris das Bündnis mit David Tabatsky, einem Künstler und engem Freund von Brigitte, geschlossen. Sie erzählte mir lustige Anekdoten von Miss Bacall, die sie am Buffet getroffen und die sie in eine amüsante Unterhaltung über Käsehäppchen und französische Küche verwickelt hatte. Somit war ich mit der Tatsache vertraut, dass Lauren Bacall offensichtlich gerne naschte und viel probierte. Miss Bacall trug einen riesigen Pelzmantel, die Haare waren frisch onduliert, sie war topgestylt und hätte jederzeit vor die Kamera treten können. Ich schaute sie an, sie schaute zurück. Ich nickte und grüßte.

»Hallo, wie gehts? Schmeckt's?«

Konversationen in Amerika laufen anders ab als in Deutschland. Mann und Frau gehen entspannter miteinander um und die Frage »How are you?« bedeutet nicht »Wie geht es?« im wörtlichen Sinne, sondern ist eher eine Begrüßung, auf die der andere dann mit »Thank you, how are you?« antwortet. Ohne gleich zu erklären, wie es ihm oder ihr geht, oder eine detaillierte Beschreibung deiner Gemütslage zu erwarten. Das ist nicht der Sinn der Frage. Man nimmt einander wahr und ist freundlich dem anderen gegenüber. Das erleichtert das Miteinander, egal ob man ein Star ist oder nicht. Zumindest in Manhattan. Denn da laufen die Uhren anders als irgendwo sonst auf der Welt.

Miss Bacall lächelte kurz, nahm ein anderes Probestück Käse in Empfang, verdrehte die Augen und schwärmte: »Himmlisch!« Ich mochte ihre tiefe Stimme schon immer, ganz gleich ob in dem Film »Wie angelt man sich einen Millionär?«, den sie in den Fünfzigerjahren mit Marilyn Monroe gedreht hatte, oder in »Mord im Orient-Express« mit Peter Ustinov. Sie war eine Hollywoodlegende der alten Garde und sich dessen durchaus bewusst. Völlig selbstverständlich und unprätentiös stand sie in diesem Augenblick neben mir im Delikatessengeschäft. Ich studierte weiterhin die Salami, bekam ebenfalls eine Probe und verdrehte jetzt meinerseits die Augen. Trüffelsalami, »ganz was Feines«.

Miss Bacall sah mich an. »So gut?«

Ich nickte. »Probieren Sie selbst.«

Der Fleischer schmunzelte und reichte ihr eine Scheibe Salami. Sie probierte, überlegte einen Moment und meinte dann: »Ja, göttlich, divine, aber das ist auch nicht verwunderlich, schließlich sind wir im Himmel, und der heißt Balducci's.«

Sie lachte über ihr eigenes Wortspiel. Das Kompliment freute den Fleischer und den Käsespezialisten hinter der Theke, die ich zwar schon hundert Mal gesehen hatte, die mich jedoch nun, im Zusammenhang mit Miss Bacall, das erste Mal wahrnahmen. Denn wer probiert schon gemeinsam von der Trüffelsalami, ohne sich zu kennen, dachten sie wohl.

»Geben Sie dem jungen Mann mal ein Stück von dem französischen Butterkäse, den ich gerade probiert habe.« Sie nickte dem Käsemann zu, der eifrig eine Scheibe abschnitt. »Sie werden Ihrem Gaumen nicht trauen.«

Ich hob entschuldigend beide Arme. »Nichts lieber als das, aber leider geht das nicht. Ich habe eine Laktoseunverträglichkeit.«

Lauren Bacall musterte mich. Sehr lange, dann ging ihre bereits sonore Stimme noch eine halbe Oktave tiefer: »Tragisch! Sie armer, armer Mann. Sie haben ja keine Ahnung, was Ihnen da entgeht. Was rede ich? Nicht nur hier, sondern überhaupt im Leben! Nie Käse? Ich würde sterben!«

Ich lachte. »Nein, glauben Sie mir, sterben würden Sie nicht. Und ich weiß nicht, was ich verpasse, somit fehlt es mir nicht unbedingt. Die Nachwirkungen, falls ich doch probieren würde, wären zudem äußerst unangenehm.«

Sie nickte verschwörerisch. »Das wollen wir nicht weiter vertiefen. Ich glaube es Ihnen auch so. Dennoch, nie Käse, tragisch.« Mit einem Lächeln nahm sie die Scheibe Käse, die der Mann hinter der Theke für mich abgeschnitten hatte, entgegen und schob sie sich in den Mund. »Ich liebe die Franzosen. Nichts gegen die Italiener, aber Käse aus Frankreich, mon Dieu!«

Dem konnte ich nur zustimmen. »Da haben Sie recht. Und nicht nur das. Die Franzosen haben es einfach drauf, was das Kulinarische betrifft. Ich habe selbst in Paris gelebt und könnte es jederzeit beschwören.«

Ihr Blick war jetzt prüfend. »Sie sind kein Amerikaner, das verrät Ihr Akzent. Aber auch kein Franzose. Wo kommen Sie her? Schweden? Holland? Nein, warten Sie! Germany, right?«

»Genau, Germany. Aber ich lebe schon länger hier.«

Ich konnte es mir nicht verkneifen und sprach sie auf Utes Hochzeit an. »Sie haben übrigens im Mai eine Freundin von mir auf Ute Lempers Hochzeit getroffen.«

»Oh wirklich? Sie kennen Ute? Göttlich und begnadet, eine sehr talentierte Künstlerin.«

Ich verneinte, denn ich hatte Ute bis dahin nur auf der Bühne bewundert. Erst ein paar Jahre später begegnete ich ihr persönlich.

»Sie haben sich auf Utes Hochzeit mit meiner Freundin Brigitte lange am Buffet unterhalten. Es muss sehr amüsant gewesen sein, zumindest für Brigitte. Aber was Ute betrifft, da kann ich Ihnen nur zustimmen. Einfach divine!«

»Von der werden wir noch einiges hören, glauben Sie mir.« Sie schaute den Mann hinter der Theke an. »Vielen Dank, wir sehen uns.« Dann nickte sie mir zu. »Junger Mann.«

Ich verneigte mich kurz. »Miss Bacall. Es war mir eine Freude.«

Sie lächelte und ging weiter zur Kuchentheke. Es war einer dieser wunderbaren New-York-Momente. Ich liebte die Stadt und die Menschen. Allein dort zu leben, machte mich zu dieser Zeit einfach glücklich.

Ein paar Wochen später buchte mich mein Agent für ein Fotoshooting der amerikanischen »Vogue«. Ich hatte bereits mit Martha Wash von »The Weather Girls« und Tim Curry, dem original »Frank-N-Furter« aus »The Rocky Horror Picture Show«, Shootings für die

»Vogue« gemacht. Er lud mich zum Abendessen ein, was ich aus Schüchternheit ablehnte. Wie dumm von mir! So ein Dinner würde ich mir heute gewiss nicht entgehen lassen.

Diesmal ging es um eine Celebrity-Köchin, deren Name mir leider entfallen ist. Was ich nicht vergessen habe, ist die Location für dieses Shooting: das »Dakota Building«, ein traditionsreiches Apartmenthaus in New York, erbaut im Jahre 1884.

Für alle, die es nicht kennen: Es liegt an der 72. Straße an der Westseite des Central Park. John Lennon wohnte dort mit Yoko Ono in einer Fünfhundert-Quadratmeter-Wohnung und wurde am 8. Dezember 1980 vor dem Eingang des Gebäudes erschossen. Roman Polanski drehte dort mit Mia Farrow Ende der Sechzigerjahre den Film »Rosemarys Baby«. Das imposante Gebäude erlangte somit aufgrund eines Horrorfilms und eines Horrorereignisses einen zweifelhaften Ruhm.

Ich war sehr gespannt, denn ins »Dakota« kam man nur, wenn man dort jemanden kannte oder selbst dort lebte. Um sich Letzteres leisten zu können, musste man nicht nur damals sehr vermögend sein.

Das Shooting fand in der Zeit vor Weihnachten und ungewöhnlicherweise erst am späten Nachmittag statt. Ich nahm die U-Bahn von Chelsea, alles um mich herum schniefte und keuchte. Eine Erkältungswelle, so schien es, hatte die Stadt im Griff. Es dämmerte bereits, als ich am »Dakota« ankam. Der Doorman registrierte meine Anwesenheit, prüfte alle Formalitäten und meinen Make-up-Koffer, und dann durfte ich die heiligen Hallen betreten. Ich ging durch das imposante Eingangstor und gelangte auf den großen Innenhof. Dort befanden sich in jeder Ecke Fahrstühle, die zu den Apartments führten. Ich überquerte den Hof, betrat die kleine Halle und wartete auf den Fahrstuhl, der gerade von oben kam. Die Fahrstühle waren zwar technisch auf dem neuesten Stand, doch als ich mich umsah, erschien es mir, als wäre ich in ein längst vergangenes Jahrhundert gereist. Ich konnte es kaum erwarten, eines dieser Apartments zu betreten.

Der Fahrstuhl kam und öffnete sich. Ich traute meinen Augen nicht. Vor mir stand Lauren Bacall. Ich konnte mir ein Lächeln nicht verkneifen. Was für ein Zufall!

»Guten Abend, Miss Bacall. Wie geht es Ihnen? Auf dem Weg zu Balducci's?«

Sie sah mich an, erkannte mich und schmunzelte. »Ah, der junge deutsche Mann mit der Laktoseunverträglichkeit. Was, um Gottes willen, führt Sie ins Dakota? Oder wohnen Sie auch hier?«

»Ich wünschte, es wäre so, aber nein, das ist leider außerhalb meiner finanziellen Möglichkeiten. Ich bin hier, um zu arbeiten.« Mit einem Kopfnicken deutete ich auf meine Zarges-Box. »Ich bin Make-up-Artist und für ein Shooting der ›Vogue‹ gebucht.« Ich nannte ihr die Apartmentnummer.

»Da stehen Sie aber vor dem falschen Fahrstuhl, die Dame wohnt auf der anderen Seite des Hofes.« Sie zeigte nach links. »Ohne Blick auf den Park, wenn Sie verstehen, was ich meine. Aber wo Sie nun einmal hier sind, können Sie sich nützlich machen. Meine Waschmaschine ist kaputt und meine Hausangestellte krank. Kein Wunder bei diesem Wetter. Halb New York hat die Grippe. Ich muss in den Keller. Dort gibt es eine vorsintflutliche Waschküche. Haben Sie ein Herz und helfen einer alten Dame.«

»›Alte Dame‹ scheint mir maßlos übertrieben, aber nichts würde mich mehr freuen, als Ihnen behilflich zu sein.« Ich trat in den Fahrstuhl und fügte hinzu: »Nothing would please me more than going down with you.« Ich meinte den Keller, aber »going down with you« bedeutet auch »mit Ihnen unterzugehen«.

Miss Bacall lachte laut auf.« Na dann, abwärts geht's im Fahrstuhl zum Schafott!«

Ich kannte den Film mit dem gleichnamigen Titel aus Frankreich und verstand ihre Anspielung. »Ist Louis Malle auch dort unten?«, fragte ich mit einem Schmunzeln. »Halten Sie Jeanne Moreau (die Hauptdarstellerin des Films von 1958) im Keller gefangen?«

Sie lachte erneut. »Nein, aber eine gute Idee für zukünftige Rollen, die mir andere Schauspielerinnen wegnehmen könnten.« Sie seufzte: »Das war ein Film, in dem ich sehr gerne mitgespielt hätte. Wie in so manch anderem. Das Filmbusiness ist kein leichtes Pflaster, besonders für ältere Schauspielerinnen.« Die Tür des Fahrstuhls schloss sich. »Aber das ist ja nichts Neues. Entweder man spielt eine Mutter oder eine wahnsinnige ›old lady‹. Oder die Großmutter. Tragisch!«

Der Fahrstuhl setzte sich in Bewegung. Im Keller angekommen, gingen wir durch ein kleines Labyrinth und Miss Bacall nahm ihre

Wäsche aus dem Trockner, hauptsächlich Handtücher und ein großes Bettlaken.

»Wenn ich mir erlauben darf?« Ich nahm das Laken und faltete es schnell und gekonnt zusammen. »Das hat mir meine Großmutter beigebracht.«

»Wie praktisch, vielleicht sollten Sie öfter vorbeikommen.« Sie hob die Augenbrauen. »Eine männliche Haushaltshilfe aus Deutschland – das hatte ich noch nie.«

Ich verneigte mich. »Vielen Dank, auch im Namen meiner Großmutter, aber das Angebot muss ich leider ablehnen.«

»Tragisch, wie so vieles im Leben.«

Offensichtlich war »tragisch« eines ihrer Lieblingswörter. Wir gingen zurück zum Aufzug, fuhren hinauf ins Erdgeschoss.

»Ihr Fahrstuhl liegt genau gegenüber«, sagte Miss Bacall. »Die Welt ist klein. Wir sehen uns.«

Ich verabschiedete mich von ihr und der Aufzug entschwand gen Himmel, besser gesagt in den ersten Stock.

Ich habe Lauren Bacall leider nie wiedergesehen, nur auf der Kinoleinwand. So klein ist New York dann doch nicht. Zwei Jahre später drehte sie noch einen Film mit Barbra Streisand und war für einen Oscar nominiert. Und für den »BAFTA« und den »Golden Globe«, die sie auch beide bekam. Sie spielte – wer hätte es gedacht – eine Mutter. Und das bravourös.

Den Oscar bekam sie leider nicht.

Vor einem Millionenpublikum registrierte Lauren Bacall ihre Niederlage mit einer ziemlich sauren Miene. Sie wusste, genau wie ich, dass sie den Oscar verdient hatte. Legende hin, Legende her! Oh well, tragisch!

10. PAMELA ANDERSON: AUF EINE ZIGARETTE!

»Honey, sei so lieb und gib mir eine Zigarette. Du rauchst doch, oder? Du bist Deutscher, natürlich rauchst du!«

Pamela Anderson lächelte und sah mich erwartungsvoll an. Offensichtlich brachte sie da etwas durcheinander. Ich glaube eher, in Italien kann man von einer großen Zahl an Rauchern und Kettenrauchern ausgehen. Die Deutschen halten sich da inzwischen etwas mehr im Zaum.

Die Haare hochtoupiert, dunkles Augen-Make-up, Schmollmund.

Berlin, September 2017, Hotel de Rome. Baywatch fünfundzwanzig Jahre später und doppelt so heiß. Die Frau, wohlgemerkt, nicht die Außentemperatur. Pamela Anderson hatte nichts von ihrer Anziehungskraft verloren.

Lasziv und in eine enge Korsage gekleidet saß sie auf der Treppe eines Nebenaufgangs im Hotel de Rome. Es war schon fast dunkel und unsere gemeinsame Zeit war, laut Vertrag und Plan, seit einer Stunde offiziell beendet. Mein Blick glitt zur Decke, über uns ein Rauchmelder. Konnte ich dieser Frau mit deutschem Ordnungssinn, Regeln und der Feuerwehr kommen? Ganz gewiss nicht! Meinem Assistenten stand die Panik ins Gesicht geschrieben. Wenn der Rauchmelder losging – und das würde er wahrscheinlich, nachdem Pamela sich eine Zigarette angesteckt hatte –, müsste das Gebäude evakuiert werden. Eine kostspielige Angelegenheit, wenn man die Größe des Hotels bedachte. Wer nicht wagt, der nicht gewinnt, dachte ich. Und überhaupt: Kann man Pamela Anderson irgendetwas abschlagen?

Ich in diesem Moment ganz bestimmt nicht. Also gab ich ihr eine Zigarette und Feuer.

Aber beginnen wir am Morgen dieses denkwürdigen Tages, der beinahe mit einem Fiasko geendet hätte …

Friedrichstadt-Palast, Berlin, Main Stage, 9 Uhr morgens.

Seit Monaten liefen die Vorbereitungen, und nun war es so weit. Heute sollte ich das Cover für den Lambertz Kalender 2018 fotografieren. Dieser Kalender ist ein Liebhaber-, Image- und

Prestige-Objekt von Dr. Hermann Bühlbecker, dem Eigentümer der Lambertz GmbH aus Aachen. Der deutsche Pirelli-Kalender.

Jedes Jahr wird ein neuer Fotograf verpflichtet, der die Vision des Kalenders umsetzt. Das Motto für 2018 lautete: »Life is a Dance«. Da kannte ich mich gut aus, hatte ich doch nach meiner Schulzeit viele Jahre getanzt und Unterricht genommen. Vom klassischen Ballett mit vierzehn Jahren bis hin zum Tanztheater in meinen Zwanzigern. Ich liebe das Medium Tanz und habe großen Respekt vor Tänzern. Ein knallharter Job, der im wahrsten Sinne des Wortes Ehrgeiz, harte Arbeit und eine »Berufung« voraussetzt. Mir war es nicht bestimmt, Tänzer zu werden, ebenso wenig, wie ich Schauspieler geworden bin. Aber Erfahrungen zu sammeln, war immer mein Hobby.

Dr. Hermann Bühlbeckers Wahl des Fotografen fiel im Frühjahr 2017 auf mich, eine große Ehre. Ausschlaggebend war unter anderem ein Bild, das ich von Roberto Bolle, dem Star der Mailänder Scala und der Metropolitan Opera in New York, einige Jahre zuvor gemacht hatte. Ich durfte Roberto einen Tag im Probesaal der Mailänder Scala begleiten und habe selten wieder so eine unglaubliche Mischung aus Talent und Hingabe eines Künstlers an seine Kunst erlebt. Roberto Bolle tanzt nicht, er ist Tanz. Und dazu unglaublich sympathisch und auch noch schön! Ich liebe diese kurzen Begegnungen, diese goldenen Momente, die ich mit der Kamera einfangen darf.

Bezüglich des Lambertz Kalenders 2018 hatten wir einige Monate Zeit für Preproduction, Planung, Casting, Locations, all das, was so ein großes Projekt erfordert und mit sich bringt. Ich reiste aus New York an, die Talente aus der ganzen Welt. Wir hatten bereits einige Tage in Berlin fotografiert. Viel Prominenz vor meiner Kamera, von Gil Ofarim über Solistinnen der Deutschen Oper Berlin bis hin zu dem neuesten Talent der Thalbach-Dynastie, Nellie Thalbach. Auch Cosima Auermann gab sich die Ehre. Mit ihrer Mutter Nadja, dem deutschen Supermodel der Neunzigerjahre, hatte ich vor einem Vierteljahrhundert in New York zusammengearbeitet.

Das zehntägige Shooting wurde sehr aufwendig produziert und gleichzeitig für YouTube und als Pressematerial für die TV-Sender mitgefilmt. Täglich waren wir mit bis zu dreißig Personen unterwegs. Fast zwei Wochen lang tourten wir durch Berlin, von Klärchens Ballsaal zum Teufelsberg bis hin zum Theater am Potsdamer

Platz, dem Friedrichstadt-Palast und einer »Lost Location«, ein verlassenes Theater in einer alten Kaserne im Osten außerhalb der Stadt.

Ich lernte Dr. Hermann Bühlbecker am Abend vor dem Covershoot kennen. Dinner im Hotel mit allen Beteiligten. Wir waren Tischnachbarn. Man hatte mich gewarnt: Ich solle nicht zu persönlich sein, anfassen gehe gar nicht, warten, bis man angesprochen werde. So ähnlich wie bei den Royals in England. Das konnte ja ein heiterer Abend werden, dachte ich, aber nun gut.

Alles Kokolores. Dr. Hermann Bühlbecker ist ein cooler Typ und Künstlern wie mir gegenüber immens aufgeschlossen und respektvoll. Wir sprachen über seine Arbeit als Professor an der »ISM« in Dortmund, meiner Heimatstadt. Ich mochte ihn und fand, dass er eigentlich nichts mit dem Klischee des »Printenkönigs« zu tun hatte, auf das ihn die deutsche Boulevardpresse so gerne reduziert. Dr. Hermann Bühlbecker ist ein kluger Geschäftsmann, sehr kultiviert und mit einem Gespür für Talent. Er ließ mich machen, vertraute mir und bekam dafür ein großartiges Resultat.

Das Covershooting mit dem Star des Kalenders, Pamela Anderson, war für den folgenden Samstag geplant. Ich war bereits früh mit meinen Assistenten vor Ort. Die Location: das Theater im Friedrichstadt-Palast, Europas größter Showtempel, es fasst zweitausend Zuschauer. Allein die Bühne ist so groß wie ein Theater. Tolle Lichttechnik, alles auf dem neusten technischen Level.

Das ganze Theater brummte, alle waren gespannt und warteten auf unseren Coverstar.

Ich fand es erstaunlich, dass jeder Pamela Anderson kannte, egal wie alt, aus welchem Land, männlich, weiblich, nonbinär, gebildet oder auch nicht. Jeder! Mir war sie natürlich, wie den meisten, aus »Baywatch«, ihrer »Playboy«-Zeit, ihren Filmen und ihrem von der Boulevardpresse ausgeschlachteten Privatleben bekannt. Ich wusste, sie hatte Kinder und lebte in Frankreich und Kanada. Sie hatte bei »Dancing with the Stars«, der amerikanischen Urfassung, und der französischen Version des Quotenhits »Let's dance« mitgemacht. Die Frau konnte tanzen, so viel dazu!

Es hatte Monate gedauert, bis alles mit dem Management zur Zufriedenheit der Künstlerin und den Produzenten abgesprochen worden war. Bis ins kleinste Detail war festgelegt worden, was ich als Fotograf machen konnte und was nicht. Wir hatten einen strengen Zeitplan einzuhalten und sollten ein Motiv auf der Bühne des Theaters fotografieren und ein weiteres vor dem Hotel de Rome.

Während ich das Ensemble des Friedrichstadt-Palastes, die Tänzer und Tänzerinnen in ihren Jean-Paul-Gaultier-Kostümen, auf der Bühne arrangierte und ausleuchtete, kam Jan, einer meiner Assistenten, zu mir.

»Ich glaube, sie ist jetzt da.«

Ich schaute auf die Uhr. Alles hatte sich etwas verzögert, denn Miss Anderson musste nach ihrem Flug aus London noch schnell einen Abstecher ins Adlon machen, um zu duschen. Es war bereits 11 Uhr.

»Hat sie jemand begrüßt? Hat Dirk schon mit dem Make-up angefangen und hat sie das Kleid anprobiert?«

Jean Paul Gaultier hatte neben den Kostümen für die Tänzer*innen ein umwerfendes Haute-Couture-Kleid für Pamela Anderson angefertigt. Es war am Abend zuvor pünktlich aus Paris eingetroffen. Fashion Superstylist Konstantinos hatte alternative Outfits dabei und natürlich ein groß angelegtes Arsenal für das andere Motiv, das wir später vor dem Hotel de Rome schießen sollten.

Jan hob die Schultern. »Keine Ahnung, man hat mir nur gesagt, dass sie da ist.«

Ah! Organisation vor Ort. Wenn ich eines im Laufe meiner Karriere gelernt hatte, dann, dass ich mich am besten um alles selber kümmern sollte. Ich entließ das Corps de Ballet.

»Wir treffen uns in neunzig Minuten hier auf der Bühne. Ihr seid bereit, wisst, was wir von euch brauchen, kennt das Szenario und eure Position. Wenn Pamela so weit ist, fangen wir an.«

Laut Zeitplan hatte ich genau zwanzig Minuten für das Covershooting, da blieb nicht viel Zeit für kreatives Ausprobieren. Oder um irgendeinen Fehler auszumerzen!

Ich ging hinter die Bühne und folgte dem langen Gang bis zur Garderobe. Davor und im angrenzenden Raum standen Maskenbildner, Produktionsassistenten, Fahrer, nur der Artdirektor fehlte. Fragend sah ich mich um.

»Und? Ist jemand bei ihr? Hat irgendeiner sie begrüßt?«

Kopfschütteln, Gemurmel, Wegschauen, Achselzucken. Oh Himmel, das konnte ja heiter werden!

Ich klopfte.

»Come in!«

Ich trat ein. Da stand sie. Nasse Haare, kein Make-up. Ein Wahnsinnskleid und schwarze Pumps. Wow! Purer Starappeal. Sie lachte mich an. Ich lachte zurück, schockverliebt! Ein gutes Zeichen! Ich fühlte sofort eine emotionale Verbindung, ohne dass ich diese hätte benennen können. Das musste ich auch nicht. Und es sollte noch sechs Jahre dauern, bis ich endlich herausfand, warum mir diese Frau so nah war.

»Hallo, wie geht's? Schön, dass du da bist! Ich bin Michael, der Fotograf. Ich hoffe, die Reise war gut. Sorry, dass dich offensichtlich noch keiner begrüßt hat. Ich habe gerade erst erfahren, dass du da bist.«

Sie lächelte. »Schön, dich kennenzulernen. Ja, ich war überrascht, dass mich noch keiner begrüßt hat.«

In diesem Moment klopfte es. Dirk, der Visagist, und Konstantinos, der Stylist, kamen herein.

Es gibt Menschen, die haben einfach Starqualität, und diese verströmen sie vom ersten Moment an. Pamela Anderson gehört dazu, ohne dabei ihre Authentizität zu verlieren. Der Mensch hinter dem Star ist dennoch immer sichtbar und spürbar. Mir schoss der Begriff »Integrität« durch den Kopf.

Ich stellte Pamela den beiden vor, große Sympathie im Raum.

Dann wurde ich sachlich: »Okay, wir haben ja einen Zeitplan und einiges vor uns. Erst das Bild hier mit dem Ensemble, dann geht es ins Hotel de Rome für ein weiteres Motiv. Dirk, wie lange brauchst du? Eine Stunde? Gut. Und ihr müsst noch eine Anprobe machen, richtig?«

Konstantinos, die Ruhe selbst, nickte.

»Was kann ich für dich tun, Pamela? Was möchtest du essen? Trinken? Wie möchtest du angesprochen werden? Pamela, Pam, Miss Anderson? Irgendetwas, was dich stört? Lass mich das wissen, ich kümmere mich darum, okay? Ich möchte, dass du dich hier heute wohlfühlst.«

»Wie lieb!« Sie sah mich an. »Du lebst nicht hier, oder? Einen Akzent höre ich heraus, aber dein Englisch ist perfekt.«

Ich nickte: »Ja, der Akzent! Immer noch da! Und das, obwohl ich seit siebenundzwanzig Jahren in New York und in Miami lebe. Nach Los Angeles hat es mich nicht so gezogen. Zu groß!«

Sie nickte. »Aber deine Art, mit einer Situation umzugehen, ist sehr »American Business«. Gefällt mir. Tee wäre gut und natürlich etwas Vegetarisches zu essen. Und viel Licht. Ich bin keine zwanzig mehr. Ansonsten ist alles gut. Ich melde mich. Fangen wir an?«

Erwartungsvoll wandte sie sich an Dirk. Bei ihm war sie in den besten Händen. Er ist ein Zauberer und für die nächsten neunzig Minuten tat er genau das: Er zauberte. Als ich später in die Garderobe zurückkehrte, um Pamela abzuholen, stand eine Göttin vor mir. Sie hatte gute Laune, das Gaultier-Kleid passte wie angegossen.

Wir gingen zur Bühne. Zunächst wurden Pressefotos mit Dr. Hermann Bühlbecker und dem Direktor des Friedrichstadt-Palastes gemacht, dann wurde noch ein kurzes Interview gedreht. Ich schaute auf die Uhr. Es war bereits Viertel nach eins und meine zwanzig Minuten schrumpften Minute um Minute zusammen. Unser nächstes Motiv am Hotel de Rome war für 15 Uhr angesetzt. Es lag nur knappe drei Kilometer entfernt, aber der ganze »Hofstaat« musste ja umziehen, eine zeitraubende Angelegenheit. Und ab 17 Uhr war das Licht an der nächsten Location weg. Ich wirkte wohl in diesem Moment etwas angestrengt.

Pamela kam auf die Bühne, streifte meinen Arm und fragte: »Wo soll ich mich hinstellen? Und keine Angst, das kriegen wir hier locker hin. Ich bin Profi, und so, wie es aussieht, du wohl auch. Don't worry, dear. Let's give them a show.«

Und genau das tat sie auch. Sie lachte, verführte, machte das, was man als »Make love to the camera« beschreiben kann. Sie wusste genau, was sie tat, jede Pose, jeder Moment stimmte. Sie gab uns »Pamela Anderson«, perfekt einstudiert und doch natürlich, ohne jede Anstrengung. Ich hatte alles so vorbereitet, dass sie ihr Ding machen konnte. Knappe zehn Minuten. Dann sah sie mich an. »Okay, that's it, du hast alles im Kasten, nicht wahr?« Ich nickte, sie lächelte. »Gut, dann war es das. Wir haben ja noch etwas anderes vor. Wir sehen uns dann später an der Location.« Sie drückte noch einmal meinen Arm und zwinkerte mir zu.

Ja, so schnell kann es gehen. Und wir hatten es wirklich im Kasten. Ich liebe Profis!

Ich suchte den Blick von Dr. Hermann Bühlbecker, der alles, was geschah, aufmerksam verfolgte. Ein kurzes Nicken, okay, ein gutes Zeichen!

Jan kam zu mir und sah mich an. »Kompliment!«, sagte er und fügte hinzu: »Leider gibts ein Problem.«

Ich horchte auf. »Ein Problem? Hast du vergessen, den Film einzulegen?« Ein alter Witz im digitalen Zeitalter.

Er überlegte kurz. »Stimmt, da war doch was. Hast du einen Clown gefrühstückt? Aber im Ernst. Wir haben wirklich ein Problem. Die Innenstadt ist größtenteils abgeriegelt. Da läuft irgendeine Demo. Ich weiß nicht, wie wir da durchkommen, und wenn, ob der Zeitplan aufgeht.«

Ja, irgendwas ist immer. Demos werden doch angekündigt, oder? Warum hatte man das bei der Planung nicht berücksichtigt? Hätte, hätte, Fahrradkette. Wie gesagt, wenn man nicht alles selber macht … Mir fiel ein Spruch meiner Großmutter ein: Herr, lass Hirn regnen! Am wichtigsten waren Pamela, Hair und Make-up und natürlich das Styling, die mussten so schnell und so zeitnah wie möglich zur Location. Ich beriet mich kurz mit dem Produzenten und seinem Team. Warum hatte man uns nichts von der Demo gesagt? Betretenes Schweigen.

»Wir müssen in einer Stunde an der Location sein, sonst ist mein Licht weg und wir können das Motiv knicken. Oder ich muss alles neu ausleuchten. Bringt mir Pamela, Dirk und Konstantinos rechtzeitig dahin! Drei Kilometer, eine Stunde. Wird ja wohl irgendwie möglich sein, oder? Wenn nicht, besorgt einen Helikopter!«

Meine Assistenten hatten bereits alles gepackt, unser Wagen wartete, wir fuhren sofort los. Nach fünfundvierzig Minuten waren wir Unter den Linden, Ecke Friedrichstraße angekommen. Von da an ging nichts mehr.

»Nützt nichts, Jungs, den Rest laufen wir.«

Gesagt, getan. Wir nahmen das Gepäck auf drei starke Schultern und erreichten verschwitzt die Location, nachdem wir uns durch die demonstrierenden Massen gekämpft hatten. Bis heute weiß ich nicht, wogegen oder wofür da demonstriert wurde. Ich hoffe, es war für einen guten Zweck. Immerhin, das Wetter hielt sich.

Am Hotel de Rome stand bereits unser »Prop«, ein Daimler aus dem Jahre 1932 im Wert von einhundertdreißigtausend Euro. Wir bauten unser Set und richteten das Licht ein. Die Sonne verschwand allmählich hinter der St.-Hedwigs-Kathedrale. Immerhin hatten es Pamela und die anderen nun ebenfalls bis zum Hotel geschafft.

»Es wäre super, wenn ihr euch beeilen könntet. Ihr wisst – mein Licht!«, flehte ich Pamela, Dirk und Konstantinos an.

Die drei zauberten und Pamela stand nach fünfzehn Minuten am Set. In einem weißen Seidenkleid, das Ginger Rogers alle Ehre gemacht hätte. Wir hatten Michael Pichler als Model gebucht, der mit Pamela à la »Ginger und Fred« vor dem historischen Gefährt einen Walzer tanzen sollte. Alles war am Set, das Licht stimmte, es blieb trocken, aus der Anlage ertönte ein Walzer und Miss Anderson musterte mich fragend.

»Also tanzen werde ich nicht. Warum?«

»›Life is a Dance‹, das ist das Motto des Kalenders. Du warst doch bei ›Let's dance‹. Ein paar Schritte genügen.«

Ein kurzer Blick zu ihrem Tanzpartner Michael, der sie erwartungsvoll und mit all seinem Charme ansah, dann zu mir, dann zum Himmel. »Okay, just for you, und nur ein paar Schritte.«

Als Vollprofi machte Pamela auch hier ihren Job absolut großartig, schwenkte von rechts nach links, sah Michael an, als wäre er Cary Grant höchstpersönlich, lachte in die Kamera. Nach zehn Minuten das gleiche Spiel wie im Friedrichstadt-Palast. Ein kurzer Blickwechsel. Eine Augenbraue nach oben. »Das hast du im Kasten, oder?«

Ich nickte. »Aber natürlich! Ich hatte es schon nach fünf Minuten. Aber du hattest so einen Spaß, da wollte ich euch nicht unterbrechen.«

Für eine Millisekunde wirkte sie verblüfft, dann lachte sie. »Komm, wir gehen ins Hotel, ich brauche einen Kaffee.« Sie hakte sich bei mir unter. »Lass uns noch ein Motiv machen, es macht wirklich Spaß.«

Diesmal war ich es, der verblüfft war. »Noch ein Motiv? Aber das steht nicht in deinem Vertrag. Nicht dass ich noch verklagt werde. Was möchtest du denn machen? Selbstverständlich bin ich dabei. Mir macht es auch Spaß!«

Wir bestellten Kaffee und sie zeigte mir ein Bild von Brigitte Bardot, die mit hochtoupierten Haaren in einer Korsage und Ballettschuhen auf einer Treppe sitzt und eine Zigarette raucht. Coole Sache. Aber nicht geplant. Wo um alles in der Welt bekamen wir jetzt Ballettschuhe her? Rauchen im Hotel de Rome? Auf einer Treppe? In einer Korsage?

»Ich habe noch eine Stunde, dann muss ich zum Flughafen. Let's do it.«

Ich sah hinüber zu Konstantinos, der meinen Blick, gelassen wie ein Fels in der Brandung, erwiderte. Ich habe selten mit einem Stylisten gearbeitet, der so professionell ist wie er und der während der gesamten zwei Wochen unserer Zusammenarbeit alles, aber auch wirklich alles, was das Styling betraf, aus irgendeinem Hut zauberte, der so groß wie das KaDeWe sein musste. Er nickte nur.

»Richte dein Licht ein, in zwanzig Minuten ist sie fertig.«

Lachend verschwand er mit Dirk und Pamela im Kollektionszimmer. Später erzählte er mir, dass Pamela ihm bereits am Mittag von diesem Foto erzählt hatte. Seiner Assistentin war es an diesem Demo-Samstag in Berlin in gerade mal zwei Stunden gelungen, eine Korsage und Ballettschuhe aufzutreiben. Wie gesagt: Profis.

Jan und ich entdeckten eine wunderbar alte, geschwungene Holztreppe mit schmiedeeisernem Geländer in einem der Seitengänge des Hotels. Wir bauten das Licht auf, das Kamerateam war bereit, die Produzenten und sogar Dr. Hermann Bühlbecker waren dazugekommen, und so standen wir – es waren achtzehn Personen – zusammengepresst auf einigen Quadratmetern, als Pamela in ihrem Kostüm erschien, sich auf die Holztreppe setzte und mich nach einer Zigarette fragte. Ich gab ihr Feuer, irgendjemand machte ein Foto, der Feuermelder ging nicht los und nach ein paar Minuten hatten wir auch dieses Bild im Kasten. Es ist eines meiner Lieblingsbilder aus der gesamten Produktion. Wir machten noch »ein Gruppenbild mit Dame«, um diesen Moment zu verewigen. Zuletzt erschien der Geschäftsführer des Hotels, der besorgt die Nase rümpfte und mich fragte, ob hier etwa jemand geraucht hätte.

Ich hob die Schultern. »Anscheinend nicht, denn sonst wäre ja der Alarm losgegangen, oder?«

Wie immer bei diesen großen Produktionen war der Zauber so schnell vorbei, wie er gekommen war. Monate der Vorbereitung, des Wartens und des Hoffens hatten sich gelohnt.

»Es war mir wirklich eine Ehre und eine Freude, diesen Tag mit dir zu verbringen.« Ich sah Pamela an und meinte jedes Wort genau so, wie ich es gesagt hatte.

Und wieder drückte sie meinen Unterarm, eine inzwischen vertraute Geste, die mir viel bedeutete. Küsschen links, Küsschen rechts, und dann war sie verschwunden.

Dr. Hermann Bühlbecker kam zu mir und umarmte mich, der offizielle Ritterschlag. Er war genauso erleichtert wie ich, dass alles so reibungslos und unkompliziert über die Bühne gegangen war. Dann bot er mir das Du an. Dem kam ich gerne nach. Wir haben uns nach dieser Produktion noch öfter zu offiziellen Anlässen getroffen und ich freue mich jedes Mal, ihn zu sehen.

Nach dem Shooting ging ich mit meinen Assistenten essen. Für uns alle war es ein anstrengender, aber toller Tag gewesen.

»Na, bist du verliebt?«, fragte mich Jan lachend. »Du warst ja ganz hin- und hergerissen.«

»Verliebt wäre übertrieben, aber du glaubst gar nicht, wie schön diese Momente sind, wenn du mit jemandem, der vor der Kamera steht, eine solche Nähe erleben kannst. Wenn dir der ›goldene Schuss‹ gelingt. Das ist schon etwas Besonderes und kommt selten vor. Doch das war es nicht allein. Irgendetwas hat mich an dieser Frau berührt, irgendeine unausgesprochene Verbindung, aber ich kann dir nicht genau sagen, was es ist. Nicht die Starqualität, die Ausstrahlung, ihre Professionalität. Eher dass wir auch einen kurzen Blick auf den Menschen hinter der offiziellen Figur werfen konnten, einen privaten Moment erleben durften. Das fand ich viel spannender und berührender.«

Ich dachte oft an diesen Tag im September 2017 zurück und verfolgte Pamelas Karriere in den darauffolgenden Jahren. Im Frühjahr 2022 sollte sie im Musical »Chicago« am Broadway ihr Debüt geben und die Rolle der »Roxy Heart« übernehmen. Wow, dachte ich, dazu gehört schon Mut! Viele Stars hatten diese schwierige Rolle am Broadway gespielt.

Ich hatte bereits Ute Lemper in diesem Musical gesehen, und zwar in der anderen weiblichen Hauptrolle, »Velma«, die sie grandios interpretierte. Ute lud mich zu einer Vorstellung ein, nachdem ich ihr die Weihnachtsgeschenke von meiner Freundin Brigitte für ihre Kinder im Dezember 1998 persönlich nach Hause gebracht hatte. Bepackt wie der Weihnachtsmann, denn Brigitte ist äußerst großzügig, war ich auf die Upper West Side gefahren. Ute wohnte mit ihrer Familie in der Nähe des Central Park. Ungeschminkt, barfuß, keine Allüren.

»Komm rein. Schön, dass du da bist. Da werden sich Max und Stella freuen.«

Wir verbrachten einen Nachmittag zusammen, tranken Kaffee und sie fragte, ob ich »Chicago« sehen wolle. Natürlich wollte ich! Ich hatte Ute bereits in Paris in »Cabaret« gesehen, doch das war mehr als ein Jahrzehnt her. Wer Ute Lemper noch nie live gesehen hat, hat wirklich etwas verpasst und sollte schnellstens ein Ticket kaufen, wenn sie oder er die Gelegenheit dazu hat. Ute Lemper ist Weltklasse, der Hammer auf der Bühne. Jeder Ton, jede Bewegung, jeder Gesichtsausdruck stimmt. Immer!

Ich sah sie dann später noch in einem Konzert in der »New York Town Hall«, und auch dort blieb mir die Spucke weg. Sie ist eben nicht nur eine großartige Künstlerin und Sängerin, sondern beweist auch immer wieder ihre Integrität als politischer Mensch. Das hat sie mit Marlene Dietrich gemeinsam.

Um Marlene geht es auch in ihrem neuen Soloprogramm »Rendezvous mit Marlene«. Ich hatte das Glück, Ute im September 2024 im »Ice Palace« auf Fire Island in dieser Rolle zu sehen. Siebenunddreißig Jahre nachdem ich sie in Paris als Sally Bowles erleben konnte. Ich wiederhole mich, aber Ute Lemper ist einfach unglaublich auf der Bühne, eine Virtuosin, was den Gesang betrifft, und eine fantastische Schauspielerin. Ihre Interpretation von Marlene brachte mich an diesem Abend zum Weinen, hatte Ute doch, genau wie ich, vor langer Zeit ein Telefonat mit der hochbetagten Dietrich geführt. Für einen Moment erlebte ich einen Zeitsprung und mir wurde die Bedeutung dieses Momentes vor Jahrzehnten erst wirklich bewusst. Standing Ovations vom Publikum belohnten diesen Abend. Nach der Vorstellung begrüßten Ute und ich uns kurz. Ich übergab diesmal keine Weihnachtsgeschenke, sondern nur einen Brief meiner Freundin Brigitte.

Pamela trat also in nicht ganz einfache Fußstapfen, was die Rolle in »Chicago« betraf. Ich war im Frühjahr 2022 in New York und erwischte im Mai einen ihrer letzten Auftritte. Die Kritiker, die sie mit viel Lob bedachten, hatten eindeutig recht. Sie war großartig, meisterte die schwierige Bob-Fosse-Choreographie und schaffte es durch ihr Spiel und ihren Gesang – singen kann sie übrigens auch –, der Figur etwas ganz Persönliches zu geben. Immer wieder schimmerte Pamela durch. Ich fand das hochinteressant, genau das hatte ich ja bereits bei unserem Shooting erlebt. Was faszinierte mich bloß an dieser Frau? Wo war die Connection? Ich war nie ein »Fan« gewesen.

Achtzehn Monate später fand ich es heraus. Ich war zurück in Miami, wie in jedem Winter, die Pandemie war vorbei und wir konnten wieder produzieren. Netflix hatte bereits vor einigen Wochen eine neue Dokumentation über Pamela Anderson angekündigt, die am 31. Januar 2023 ausgestrahlt werden sollte. Vielleicht fand ich hier eine Einsicht, eine Antwort auf meine Frage.

Am Ausstrahlungstag saß ich vor dem Fernseher. Da war sie. Ungeschminkt, das Haar unfrisiert und natürlich. Sie trug kein Couture-Kleid und auch keine Pumps und sah genauso aus, wie ich sie einige Jahre zuvor kennengelernt hatte.

»Ihr habt alles gesehen, also bekommt ihr mich jetzt so, wie ich bin.«

Uneitel, unkompliziert und sehr offen sprach sie über ihr Leben, ihre Ängste, ihre Kinder und ihre Beziehungen. Eine Frau Mitte fünfzig, die viel gesehen und sich nicht verbogen hat. Die mehr ist als das, was in der Presse als das Image »Pamela Anderson« präsentiert wird. Ich sah plötzlich die Verbindung zu all den anderen Frauen, die ich in meinem Leben getroffen hatte und die mich beeindruckt und zum Teil sogar beeinflusst hatten. Eines hatten sie alle gemeinsam: Ihre Integrität war unbestreitbar. Egal ob es die Dietrich war, die Hitler getrotzt hatte, die Garbo, die sich nicht von Hollywood hatte bestimmen lassen. Eartha Kitt, die gegen den Rassismus und für die Rechte der »LGBTQ+«-Community gekämpft hatte. Verona, die sich nie den Mund verbieten ließ, genauso wenig, wie Inge Meysel das getan hatte. Lilo Wanders, die in den Neunzigerjahren halb Deutschland auf ihre persönliche Art und Weise aufgeklärt hatte und die das in gewisser Weise auch heute noch tut.

Und in diese Riege, meine persönliche Riege von mutigen Frauen, gehörte jetzt auch Pamela Anderson. Denn an einem gewissen Punkt in der Dokumentation sprach sie ganz offen und ohne jede Scham über die schrecklichen Erfahrungen in ihrer Kindheit. Dass sie von einer Frau sexuell missbraucht worden sei. Dass sie eine

Überlebende von sexueller Gewalt sei und trotzdem weitermache. Dass sie Sexualität als eine persönliche »Waffe« einsetze, um das Trauma zu überwinden, und auf diese Weise »Pamela Anderson« kreiert habe. Eine Frau, die vielleicht manchmal mit Zweifeln, aber immer geradlinig ihren Weg geht.

Da war also der emotionale Schnittpunkt gemeinsamer Erfahrungen in der Kindheit, die Verbundenheit, die ich unbewusst bei unserem Shooting gespürt hatte. Etwas, das ich im ersten Moment nicht hatte benennen können, das sich aber später – in diesem Fall dank einer TV-Dokumentation – von selbst erklärte.

11. LILO WANDERS: VIERUNDVIERZIG JAHRE WAHRE LIEBE

Wer jetzt schlüpfrige Details oder gar dunkle Geheimnisse erwartet, den muss ich leider enttäuschen und dem begegne ich mit den Worten der bereits zitierten Elizabeth Taylor: »Das wüssten Sie wohl gerne!«

In diesem Kapitel geht es um Freundschaft. Und, natürlich, auch um einen Blick hinter die Kulissen. Ein bisschen Spaß muss sein. Aber: Mir sind meine Freunde sehr wichtig. Vor allem die, die bleiben, »come rain or shine«! Und diese Freundschaft ganz besonders, denn sie besteht seit vierundvierzig Jahren.

Es gibt keinen Menschen, den ich so oft fotografiert habe wie Lilo Wanders. Unsere erste offizielle Session hatten wir vor mehr als fünfundzwanzig Jahren im Schmidt Theater und ich habe seitdem unzählige Poster, Autogrammkarten und Pressefotos von ihr gemacht. Meistens haben wir das Bild in den ersten fünf Minuten im Kasten und »pröddeln« dann noch ein bisschen rum, aber oft nehmen wir eine der ersten Aufnahmen.

Im Allgemeinen lassen sich Stars und Schauspieler*innen ungern fotografieren und sie empfinden es als lästig. Nach ein paar Minuten verlieren sie das Interesse an der Kamera, die keine bewegten Bilder einfängt, sondern »Stills«. Denn sie müssen etwas von sich preisgeben, können sich nicht hinter eine Rolle verstecken.

Bei Lilo ist das einerseits etwas anderes und andererseits auch nicht, denn Lilo Wanders ist auch der Schauspieler und Mensch Ernie Reinhardt und die beiden lassen sich nicht immer voneinander trennen.

Wir wissen beide ganz automatisch, dass es gut ist, was wir in den ersten Momenten einfangen, wenn Lilo vor der Kamera steht. Es hat natürlich etwas mit Vertrauen zu tun. Mit der Gewissheit, dass die Figur Lilo Wanders – und somit auch der Mensch Ernie Reinhardt, der sie verkörpert und im Laufe der Zeit mit ihr verschmolz – genau weiß, dass ich nur ihr und auch sein Bestes möchte und Lilo so glamourös, aber auch genauso authentisch wie möglich für das öffentliche Auge präsentieren möchte.

So wie ich das bei allen versuche, die vor meiner Kamera stehen. Da treffen sich immer zwei Menschen, sie oder er vor, ich hinter der Kamera, die das gleiche Ergebnis im Kopf haben, auch wenn ich oft auf etwas mehr Glamour poche. Gerade bei Lilo, der Authentizität stets am wichtigsten ist.

Aber Glamour hat nicht nur etwas mit der äußeren Erscheinung zu tun, sondern immer auch mit der Idealvorstellung, die eine Person von sich hat und die ich von ihr oder ihm habe. Und mit der Authentizität des Charakters. Genau diese Mischung finde ich interessant, denn sie ermöglicht und lässt gleichzeitig Brüche in der Darstellung eines Menschen zu. Und ich glaube, dass Glamour dem Porträtierten und dem Betrachter etwas Positives gibt.

Denn darum geht es bei der Figur Lilo Wanders: um Erklärung, Aufklärung. Hoffnung. Um Vergebung von angeblichen Schwächen, um Selbstverständlichkeit und darum, sich einzugestehen, dass wir alle fehlbar und letzten Endes Menschen sind, mit allem, was dazugehört. Darüber etwas Glamour zu gießen, als wäre es Sternenstaub, tut der Figur und der Sache keinen Abbruch. Ganz im Gegenteil. Glamour lässt uns hoffen. Und das macht Lilo Wanders und den Menschen, der hinter ihr steht, aus und lässt die beiden miteinander verschmelzen: Lilo Wanders ist keine Dragqueen, keine Travestie. Lilo Wanders ist durchaus eine eigenständige Figur, die ihrem Erfinder vieles erlaubt zu sagen und von sich preiszugeben, das er aufgrund seiner Schüchternheit als Privatperson nicht offenbaren würde. Und sich somit manchmal selber im Weg steht. Was das praktische Leben als Privatperson betrifft. Da kann es zum Problem werden, den Klempner zu bestellen.

Es gibt kaum mehr als ein Dutzend Bilder, auf denen wir gemeinsam zu sehen sind. Familienbilder, private Momente im Urlaub, ein Selfie am alten Holztisch auf »dem Gut derer von Wanders« im Alten Land bei Hamburg. Da, wo Lilo einfach Ernie ist und das auch lebt. Mit allem Menschsein, das dazugehört.

Er gibt mir mit diesem Ort ein Zuhause, das mir als »Reisender« so wichtig ist. Er gibt und erwartet nichts zurück, was dieses Zuhause betrifft. Ich sage an dieser Stelle bewusst »Er«, denn ich bin ja mit der Privatperson Ernie Reinhardt befreundet, der aufgrund seines Talents in der Rolle einer alternden Diva in den Neunzigerjahren in Deutschland nicht zufällig zum Star wurde. Ich treffe »Lilo« nur, wenn ich sie fotografiere, oder auf offiziellen Veranstaltungen. Ernie sehe ich dafür umso mehr, wenn ich in Deutschland bin und bei ihm wohne. Im Gästehaus, wohlgemerkt! Zu nah, zu eng, zu lange, das klappt in den seltensten Fällen. Wir sind vollkommen unterschiedliche Menschen und gehen deswegen auch vollkommen unterschiedlich an Dinge heran. Das kann zu Konflikten führen und tut es auch ab und zu. Aber das ist »Familie«: Da knallt es halt, weil man so eng miteinander ist, dass Vortäuschungen, Rollen und Unwahrheiten nicht funktionieren, denn der andere durchschaut solche Spielchen. Und vergibt. Auf beiden Seiten. Das zu erkennen, hat lange gedauert, klärt aber nach Jahren die Fronten. Man muss nicht alles lange ausdiskutieren. Gut so!

Was uns verbindet, ist »Beißvermögen«, eine Kraft, die sehr hilfreich ist, wenn Mann oder Frau etwas erreichen will. Ohne die geht es weder im Showgeschäft noch im Modebusiness, jenen Haifischbecken, in denen Lilo Wanders und ich seit Jahrzehnten mitschwimmen. Bisher, ohne gefressen worden zu sein. Federn gelassen hat Lilo, genau wie ich, bestimmt. Aber wer hat das nicht? Und Lilo ist nach wie vor da, spielt Theater, geht auf Tour, ist auf der Mattscheibe zu sehen und setzt sich ehrenamtlich für die Belange der »LGBTQ+«-Community ein.

Dennoch existiert nur eine Handvoll Bilder dieser Freundschaft nach über vier Jahrzehnten. Lilo Wanders wird zur Genüge fotografiert, da bedarf es keiner privaten Selbstbestätigung. Ich finde es wunderbar, dass Lilo auf den sozialen Kanälen unterwegs ist, aber weder ihr Essen noch ihr Privatleben zeigt. Das Essen allerdings würde sich schon lohnen zu posten, denn Ernie ist ein extrem guter Koch, da kann ich mir eine Scheibe – und nicht nur von seinem Rinderbraten – abschneiden. Ein Grund, weshalb er als Lilo das »Perfekte Dinner« spielend gewinnen konnte. Da war allerdings auch der Nachtisch ausschlaggebend, nehme ich an. Der hatte es in sich, was den Alkohol betraf.

Leider nimmt sich Ernie am allerwenigsten Zeit, wenn es um den Genuss der von ihm gefertigten Köstlichkeiten geht. Und das beinhaltet oft solide deutsche Hausmannskost – Rinderrouladen, Gulasch, Spargel –, aber gern auch was Asiatisches. Er hat eine besondere Vorliebe für Gewürze. Alles kommt heiß auf den Tisch und wird »inhaliert«. Zeit für Genuss bleibt nicht, da ist er halt ein

Kind des Nachkriegsdeutschlands und geschädigt durch zwei weitere Brüder, die ebenfalls hungrig waren. Damals ließ sich keiner die Butter vom Brot nehmen und die Bratwurst wurde mit Messer und Gabel verteidigt. Im wahrsten Sinne des Wortes. Ich nehme mir eher Zeit beim Essen, was ihn wiederum manchmal stört, weil er nach dem Verzehr der Speisen gerne raucht. Timing ist alles.

Mein Risotto ist okay, meine Pasta ebenfalls, aber da hört es auch schon auf. Ernie hat halt einen anderen Gaumen, aber das ist rein organisch schon so. Denn ich rauche keine Schachtel Zigaretten am Tag und habe somit immer noch empfindlichere Geschmacksnerven.

Wenn ich also mal koche, stelle ich Salz- und Pfefferstreuer auf den Tisch und nehme es nicht persönlich, wenn da kräftig nachgewürzt wird. Ich überlasse Ernie gerne das Kochen und räume dann lieber das Schlachtfeld auf, das er hinterlässt. Wozu hat der liebe Gott die Spülmaschine erfunden?

Und um in den Genuss seiner Rouladen oder seiner Spargelsuppe zu kommen? Allein die Vorstellung übertrifft dann spielend meinen Perfektionsdrang, bereits während des Kochens den Abwasch zu machen.

Dass es so wenig Bilder von uns gibt, hat auch etwas damit zu tun, dass Ernie im Grunde genommen völlig uneitel ist, was mich, ehrlich gesagt, gelegentlich auf die Palme bringt. Nicht was Ernie, sondern was Lilo betrifft. Die ist zwar eitel, hat aber inzwischen eine vollkommen feste Meinung, wie sie aussehen möchte. Und da trennen sich unsere Welten. Auch Lilo muss mit der Zeit gehen, doch sie ist eben eine alte Diva, die selten eine andere Meinung zulässt, was ihre Erscheinung betrifft. Aber »Glamour is my business«, und das pushe ich natürlich auch.

Lilo Wanders ist die letzte deutsche Diva, wie ich gerne betone. Sie war vor dreißig Jahren bereits über achtzig und ist paradoxerweise der einzige Star, der mit den Jahrzehnten immer jünger wird, heute gefühlte sechzig. Deswegen diskutieren wir nach den Fotosessions oft miteinander, was die Retusche der Bilder betrifft.

»Bloß nicht zu viel!«, schreit Frau Wanders jedes Mal. Ich denke dann nur: Na ja, die Retusche ist durchaus angebracht, denn wir alle werden älter, die Tränensäcke werden größer und die Lefzen hängen. Das ist ganz normal, wenn man auf die siebzig zugeht.

Dafür hat der liebe Gott den Photoshop erfunden und uns gezeigt, wie man damit umgehen kann. Es ehrt Lilo, dass sie auf den Bildern so natürlich wie möglich aussehen möchte, aber das Showgeschäft hat nichts mit Natürlichkeit zu tun. Da geht es um Illusion.

Jedes Mal also: »Bloß nicht zu viel!«

Genauso wie mir Ernie jedes Mal, wenn ich einen Vitaminshake mache, zuraunt: »Keine Unmengen.« Oder wenn ich Rührei mache: »Ohne Schlieren«, weil er das Eiweiß nicht sehen will. Das wird seinen Grund haben, denke ich mir. Und nicke nur jedes Mal. Denn selbst wenn ich sagen würde: »Das sagst du mir jedes Mal«, würde es nichts nützen. Er würde es wieder sagen. Gewohnheitstier. Und schließlich sei ich ja auch vergesslich, womit er, zugegeben, recht hat. Manchmal.

Nobody is perfect.

Alles andere vergibt man sich in einer Freundschaft – oder sollte es zumindest, weil man den anderen irgendwann kennt. Und weiß, wie er tickt. Da muss man hin und wieder stark sein und das Ego in den Schrank stellen. Bestimmt ist das nicht leicht bei zwei starken Charakteren, die jeweils meinen, das Beste im Kopf zu haben. Für sich und für den anderen. Nur mitunter will der andere dein Bestes nicht oder hat ganz andere Vorstellungen davon, was »das Beste« überhaupt ist.

Nach sieben gemeinsam verbrachten Monaten während der Pandemie waren wir beide bereit für das Sanatorium oder, besser gesagt, die Klapse! Lilo Wanders war selten präsent, Ernie umso mehr. Wir konnten nicht arbeiten, also hockten wir im Gutshaus am Deich aufeinander. Mit einem bereits damals schon leicht alzheimergestörten Hund namens Choko. Keine einfache Zeit für Ernie!

Ich bin mit einem unerschütterlichen Pragmatismus gesegnet, der sich durch ständige Aktion äußert. Ich hatte im März 2020 gerade mein Buch »Katharsis« veröffentlicht, machte Podcasts und gab Interviews und beantwortete jede Zeile auf Social Media. Das konnte ja nun nicht ewig dauern mit diesem Lockdown. Dachte ich! Aber ein Dreivierteljahr ist eine lange Zeit, und wenn du selbstständige*r Künstler*in bist, kann es den emotionalen und finanziellen Tod bedeuten.

Für mich ist das Glas immer halb voll, für Ernie oft nicht. Das macht die Sache schwierig. Ich habe es oft – leider auch in Freundschaften – erlebt, dass mir gerade dieses Nach-vorne-Schauen, dieser Optimismus als »amerikanische Plattitüde« vorgeworfen wird. Aber ehrlich gesagt ist diese »Plattitüde« sehr hilfreich, was den Outlook und auch den Erfolg betrifft.

Doch auch diese Krise haben wir mit der Zeit verstanden, gemeistert und schließlich überlebt. Wie so vieles! Wir haben Federn gelassen, Blut musste fließen – metaphorisch, wohlgemerkt. Wir sprechen wieder und immer noch miteinander.

Unsere Verbindung bedarf also keiner »äußeren« Dokumentation, weil sie gelebt und in sich verständlich ist. Gelebte Zeit, gelebte Freundschaft, und das eben nicht in den sozialen Medien!

Ernie und ich haben viel Zeit miteinander verbracht. Vierundvierzig Jahre. Hört sich lang und viel an und ist es auch. Vierundvierzig Jahre Miteinander, mit allem, was dazugehört. Viele unvergessliche Momente. Familie, Zusammenhalt, Tod der Eltern und Geburt der Kinder, Konfirmation und Silberhochzeit, füreinander da sein und sich auch in schwierigen Momenten tragen und ertragen. Selbst in handfesten Streits, die ich als produktiv, Ernie aber eher als negativ empfindet und die er lieber vermeidet. Er Jungfrau, ich Löwe.

Wir brauchen keine Bilder, um etwas zu dokumentieren oder zu beweisen oder »bildhaft« zu machen. Weil der andere immer ein Teil des Lebens war, ist und bleiben wird. Bis zum süßen oder bitteren Ende. Wir kommen nicht aneinander vorbei, aber das muss auch nicht sein. Gewählte Familie. Passt schon. Seit 1981.

Ich war neunzehn Jahre alt, noch auf der Schule, Abiturient, blond, naiv und gut erzogen. Meine Freundin Brigitte Goepel-Reinhardt und Uli Tuskowski, beide schon voll im Leben, da einige Jahre älter, wollten an einem Mittwochabend nach Münster fahren, um dort eine freie Theatergruppe zu sehen. Das Stück hieß »Hinter verschlossenen Türen« und war von Jean-Paul Sartre. Ralf König, Teil unserer Truppe, zeichnete schon damals seine »Schwulcomix«, aber es sollte noch ein paar Jahre dauern, bis »Der bewegte Mann« ihn, Katja Riemann und Til Schweiger in Deutschland bekannt machen würde.

Ralf und viele andere, wir alle waren Teil einer neuen Bewegung und trafen uns im »KCR« in einem Vorort in Dortmund. »KCR« stand für »Kommunikations Centrum Ruhr«. Eine leere Fleischerei in einem alten Eckhaus in Dorstfeld, die Rollläden heruntergelassen, außen kein Schild. Insider wussten Bescheid. Jeden Dienstag trafen sich hier bis zu dreißig »bewegte« Männer und Frauen, um die politische und soziale Situation von Schwulen und Lesben in den frühen Achtzigerjahren zu diskutieren, zu verstehen und zu verbessern. Um eine eigene Identität zu finden, sich zu behaupten. Eine wichtige Zeit für mich, der ich aus einem verklemmten katholischen Mittelklassehaushalt kam. Da wurde nicht viel geredet, diskutiert oder geholfen. Man war auf sich alleine gestellt. Es gab kein Internet, die Welt war zu hundert Prozent analog. Das »KCR« schien der richtige Ort für mich zu sein. Ich bekam den Spitznamen »Tadzio« verpasst, nach der Figur des schönen Blonden aus dem Film »Tod in Venedig« von Luchino Visconti. Wenn die gewusst hätten, welch traumatisiertes Wesen sich hinter dem blonden Abiturienten verbarg, wäre mein Spitzname ein anderer gewesen.

Im »KCR« traf ich viele coole Männer und Frauen, die ihren Weg gingen. Ralf König, Ingo Taubhorn, Andreas Tölke, der neulich – verdient – das Bundesverdienstkreuz verliehen bekam, und auch meine Freundin Brigitte, mit der ich zwei Jahrzehnte später das Buch »Models – Keine Zeit für Eitelkeit« veröffentlichte und die ihr Wesen und ihr »Schwesternhäubchen« in sämtliche soziale Einrichtungen Hamburgs trieb, vom Sterbehospiz über Kampnagel bis hin zu »Subway e.V.«.

Wir waren eine bunte Truppe »verlorener Söhne« und einiger Töchter, die die Welt verändern wollten. Ich lernte viel, küsste den einen und auch den anderen, besuchte mit der KCR-Truppe oft das Schauspielhaus in Dortmund oder das Theater in Bochum, an dem zu dieser Zeit Peter Zadek Schauspieler wie Eva Mattes, Herbert Grönemeyer oder Marianne Hoppe inszenierte.

An jenem Mittwochabend auf dem Weg nach Münster saß ich mit Wolfgang hinten auf der Ladefläche, das ganze Auto war blau, weil wir alle rauchten, was das Zeug hielt. Wir waren zu siebt, es gab nur fünf Sitzplätze und wir hofften, dass uns die Polizei nicht erwischen würde.

Die Aufführung fand in einem offenen Saal irgendeiner Gesamtschule statt, wir saßen im Kreis und die Schauspieler unter uns. Claus Plänkers, Dieter Rita Scholl und Ernie Reinhardt. »Transitiv« aus Hamburg.

Anfang der Achtzigerjahre gab es einige dieser freien schwulen Theatergruppen in Deutschland, »Brühwarm«, die »Emscher Sisters« in Dortmund, »Rosa Kitsch« aus Düsseldorf und natürlich die Hamburger »Transitiv«. Später sollte Ernie dann bei »Familie Schmidt« mitmachen und zusammen mit Corny Littmann und Gunter Schmidt die freie Theaterwelt revolutionieren. Was schließlich zum »Schmidts« in Hamburg auf der Reeperbahn führen sollte. Und das Ganze dann zur »Schmidt Mitternachtsshow« im NDR, die wiederum den Grimme-Preis in Silber für das Jahr 1990 bekam. Weiter ging es für Lilo Wanders im Fernsehen mit »Wahre Liebe« bei VOX, was der New York Times in den Neunzigerjahren einen Artikel über Lilo und die Sendung wert wahr. Ein Artikel der New York Times über eine Erotiksendung, deren Moderatorin keine biologische Frau war. Bahnbrechend! Das Wort »gendern« gab es zu der Zeit noch nicht.

Das war neu, das war politisch, das war gegen den Mief, das war Aufklärung! Und entstand eben genau aus der Arbeit der »Familie Schmidt«. Verrücktes, freies politisches Theater. Gegen den Strom. Absurd. Aufregend, lustig, fantastisch, aufrüttelnd, und, was so wichtig war, politisch. Anfang der Achtziger bedeutete diese Arbeit, entstanden aus der Schwulen-Community (heute nennt man das Ganze »Queer« oder »LGBTQ+«), aus Mut und politischem Bewusstsein. Ich weiß nicht, wie viele Abende ich während meines Studiums bei den Aufführungen von »Familie Schmidt« verbrachte. Und wie froh bin ich heute über jeden Augenblick, den ich da live erleben durfte. Bevor der ganze Rummel um die Wanders, der Erfolg und die TV-Shows in den Neunzigern losgingen. Denn das, was Ernie da mit der Familie Schmidt machte, war neu, einzigartig und eben nur in diesem Moment und nicht im Fernsehen oder, wie in der heutigen Zeit per Mausklick oder Daumendruck bei YouTube, allgegenwärtig und auf dem Handy erreichbar und verfügbar. Es war nicht perfekt, poliert oder mit Tänzern und Nebelmaschinen gepimpt. Es war real! Mann oder Frau musste seinen oder ihren Hintern schon in Bewegung setzen, um etwas zu erleben. Auf dem Sofa zu sitzen und zu lamentieren, brachte einen nicht weiter. Das tut es bis heute nicht.

Es war besonders. Nachhaltig, denn es hält und hallt nach. Da kann man sich noch so lange Dinge auf dem Bildschirm angucken und denken, man hat es gesehen und die Weisheit mit Löffeln gefressen.

Gesehen vielleicht, aber nicht erlebt. Großer Unterschied!

An diesem Abend in Münster Anfang der Achtzigerjahre sah ich Ernie das erste Mal. Die Geburt von »Lilo Wanders« sollte noch einige Jahre auf sich warten lassen. Er spielte die Ines, eine Lesbe, die sich »hinter verschlossenen Türen« mit zwei anderen Personen in der Hölle befand. Sartres berühmter Satz aus dem Stück »Die Hölle, das sind die anderen« blieb ein Leben lang an mir hängen. Ich war fasziniert von allen drei Schauspielern, aber besonders von Ernie. Er war damals schon ein guter Schauspieler und verschmolz so mit seiner Rolle, dass er den Zuschauern erlaubte, alles zu fühlen, was »Ines« fühlte. Weil er die Gabe hat, auch den Schmerz zu fühlen. Und es zulässt. Und ihn zeigt! Da verschmelzen oft Realität und Fiktion!

Meryl Streep hat das perfektioniert. Inwiefern sich das auch in ihrem Privatleben zeigt, kann ich nicht sagen. Denn wir haben uns ja, wie erwähnt, noch nicht getroffen.

Das »Drama« dann allerdings auf der Bühne zu lassen, ist nicht immer einfach für einen Schauspieler, wenn die Grenzen fließend sind.

Ich hatte damals keine Ahnung von Schauspiel, Technik, Rollen, aber ich fühlte eine immense instinktive Verbundenheit mit dem Menschen hinter der Maske, der Rolle. Denn genau das war sie eigentlich nicht. Eher die Möglichkeit für den Menschen Ernie, der sie »spielte«, etwas von sich selbst zu zeigen, zu geben. Gefühle zu vermitteln. Ich wusste nicht, woher er kam, welche Dramen sich bereits in seinem Leben abgespielt hatten, die ihn zu dem Menschen machten, der er war. Und die er in sein Spiel mit einbezog. Und das tut Ernie durch »Lilo Wanders« bis heute. Er erlaubt uns durch ihre Präsenz etwas zu sehen, uns selbst zu fühlen und somit auch die anderen. Ich sah ihn danach öfter bei anderen Veranstaltungen. Egal ob bei einer Aufführung seines Soloprogramms »Ausziehn! Ausziehn!« in einer Kneipe in Dortmund an einem Samstagabend vor sieben Zuschauern oder bei einer Riesenparty in Oberhausen vor tausend Menschen.

Er berührte mich. Ich spürte, wir hatten etwas miteinander zu tun in diesem Leben.

Ernie besuchte mich während meines Zivildienstes im Studentenwohnheim der katholischen Gemeinde, bei der ich arbeitete, und schenkte mir ein Parfum. Einfach so. Ernie ist ein großzügiger Mensch. Liebevoll, drangsaliert wie wir alle und sieben Jahre älter als ich. Was heute nichts bedeutet, da wir die sechzig überschritten haben. Aber mit neunzehn oder zwanzig ist das etwas anderes.

Ein Jahr später zog ich nach Hamburg und wir trafen uns beim ersten »Christopher Street Day« in der Hansestadt, damals noch ein Teil der Demonstrationen am 1. Mai. Eine rein politische Veranstaltung. Wir hatten uns an der Sternschanze verabredet, an die dreihundert »Demonstranten« waren gekommen. Rein äußerlich betrachtet glitt Ernie geschmeidig in Pumps der Größe 43 über das Kopfsteinpflaster, obwohl er Größe 45 benötigte. Augen zu und durch! Als wir die Mönckebergstraße erreichten, war noch kein Blut im Schuh, aber die Blasen hatten es in sich.

Kurzerhand drückte mir Ernie eine große Plastiktüte mit Bonbons in die Hand. »So, die verteilst du jetzt mal an die Passanten. Und vergiss die Polizei nicht. Ich kann nicht mehr laufen.«

Ein gequälter Blick seiner- und ein kurzer meinerseits auf die ramponierten Hacken reichten und ich drückte allen »Bullen«, die ich sah, Bonbons in die Hand. Die positive Resonanz überraschte mich, sprach aber sehr für die Hamburger Polizei. Ich liebe Hamburg, denn sie ist und bleibt eine tolerante Stadt.

Ernies Füße heilten und in den nächsten Jahren blieben wir verbunden. Ich zog nach Paris, um dort zu studieren, wir schrieben uns. Ich zog nach New York, wir schrieben uns. Zweimal im Jahr kam ich nach Deutschland, ging ins Schmidt zu den Mitternachtsshows, wir feierten Weihnachten, wir vertrauten uns gegenseitig, die Freundschaft wurde verbindlicher.

Und dann, irgendwann Anfang 1994, lud mich Ernie ins Atlantik zum Dinner ein. Ein dickes Ding. Wir trafen uns im Foyer. Udo Lindenberg kam zur Tür herein, ging auf Ernie zu und bedankte sich für die stimmliche Unterstützung bei den Aufnahmen zu seiner letzten Platte. Als wir das Restaurant betraten, wurde der ganze Saal für einen Moment ruhig, der »Maître d'« führte uns zu einem der schönen Fenstertische. Ich war überrascht. Den Siegeszug der Wanders in Deutschland hatte ich zwar »en passant« in New York mitbekommen, aber nicht vor Ort in Deutschland. Man erkannte ihn, obwohl es gar nicht »Lilo Wanders« war, die hier mit mir saß. Ernies Gesicht leuchtete, und in diesem Moment – und davon gibt es nur wenige – war er erfüllt von berechtigtem Stolz über den Erfolg, denn das Gefühl der Eitelkeit und des Stolzes liegt ihm eigentlich fern.

»Tja, ich bin ein Star!«

Wir sahen uns an und brachen in schallendes Gelächter aus. Aber er hatte recht. Lilo Wanders war ein Star und sollte bald mit einer großen TV-Show bei VOX europaweit Erfolg haben und halb Deutschland aufklären. »Wahre Liebe« lief ein ganzes Jahrzehnt. Eine der erfolgreichsten Talkshows der deutschen Fernsehgeschichte. Es gab Zeiten in den Neunzigern, da kannten bis zu neunzig Prozent der Deutschen Lilo Wanders, die übrigens viele Heiratsanträge per Post bekam. Von Männern, die wirklich glaubten, dass Lilo eine biologische Frau sei. Ach ja, das Wunder der Transformation durch Make-up und Schauspielkunst … Ich freute mich und freue mich immer noch jedes Mal, wenn Lilo Erfolg hat, weil dann auch Ernie glücklich sein kann.

Im August 1994 fuhr ich mit Freunden in den Urlaub nach Griechenland. Auf der entlegenen Insel Serifos bestieg ich ein Motorrad, leider ohne Helm, dafür aber, immerhin, mit einer Badehose bekleidet. Ein paar Stunden später krachte es gehörig und mein rechter Arm war dermaßen lädiert und an verschiedenen Stellen gebrochen, dass man mich nach Athen und schließlich in eine Hamburger Spezialklinik flog. Das konnte nicht von alleine heilen, es musste operiert werden. Ernie bestimmte, dass – wie immer, wenn Not am Mann war – ich erst einmal bei ihm blieb. Ich war ziemlich fertig, absolvierte aber mit seiner Unterstützung einen bereits gebuchten und seltsamen Auftritt bei »Wahre Liebe«. Ein Erotikmodel räkelte sich auf dem Sofa und Lilo fragte mich, ohne eine Miene zu verziehen, ob Models denn dumm seien. Das Ganze ist immer noch auf YouTube zu bewundern und bekam bis heute 120.000 Views.

Ein paar Tage später wurde ich operiert, man setzte mir Stahlplatten in den Arm und ins Handgelenk. Mit meinem Job war es erst mal Essig, aber auch hier vollbrachte die Freundschaft Wunder. Ich verfiel nicht in eine Depression, denn ich wurde getragen. Emotional. Ich als Reisender hatte stets ein Zuhause bei Ernie. Ein immenses Glück, das mir Sicherheit gab und gibt. Mein eigener unerschütterlicher Optimismus half natürlich auch. Unterkriegen ließ ich mich nicht!

Nach einigen Wochen flog ich mit dem inzwischen operierten, aber immer noch lädierten Arm, einer kaputten Hüfte und diversen nur langsam verheilenden Hautabschürfungen nach New York. Bei der Einreise schlugen am Flughafen sämtliche Sicherheitsvorkehrungen Alarm. Ich deutete auf die Stahlplatten, woraufhin mir ein junger Beamter befahl, die doch bitte herauszunehmen. Ja, Intelligenz ist nicht immer angeboren …

Der Arm heilte im Laufe der Jahre und ich flog immer wieder nach Deutschland, wohnte bei Ernie, war Teil der Familie, die auch zu meiner wurde. Ich begleitete Lilo oft zu Auftritten und Talkshows, gab Ratschläge zu Outfits, Haaren und Make-up.

Für ein Special von »Wahre Liebe« flog Lilo nach New York, meiner damaligen Heimat. Wir drehten unter anderem bei dem Herausgeber des Magazins »Penthouse«, Bob Guccione, der einen riesigen Privatpool im Erdgeschoss seines Hauses auf der Upper East Side hatte. Während des Interviews rannten einige wenig oder gar nicht bekleidete Damen herum und konsumierten illegale Dinge.

Am nächsten Tag ging es auf den Times Square. Während der Aufnahmen stand plötzlich ein sehr großer, schlanker Mann in der Nähe und beobachtete uns kritisch. Es war mein »Trainingspartner« von vor zehn Jahren aus dem Houston Gym, der inzwischen als »RuPaul« Karriere gemacht hatte. Er erkannte mich nicht und war schnell im Trubel des Times Square verschwunden.

Ein paar Jahre später, während der Aufnahmen für eine Silvestershow des NDR, war die gesamte deutsche Schlagerprominenz vertreten. Von Paola über Nicole bis hin zur wunderbaren Mary Roos. Lilo moderierte die Show. Ich saß im Publikum und wusste, dass sie sich bei ihrer großen Solonummer auf dem ausladenden Flügel räkeln wollte. Joop hatte ihr Kostüm geschneidert.

Bedauerlicherweise hatte Mary Roos beim Anblick des Flügels die gleiche Idee. Ihr Auftritt lag zeitlich vor dem der Wanders. Mary setzte sich zwar nur auf den Flügel, doch das schloss ein späteres erotisches Räkeln Lilos auf demselben Instrument aus. Auch hier kein Grollen, ein leichtes Lächeln, ein Schulterzucken und ein anerkennendes Wort für Mary. Frau Wanders ist selten böse, vor allem ist sie es dann nicht, wenn es um eine so authentische und wunderbare Kollegin geht wie Mary Roos. Die übrigens einen wunderbaren Humor hat. Was sie bei der After-Show-Party auch bewies. Selten habe ich so viel gelacht. Noch immer steht Mary mit beiden Beinen auf der Bühne. Ihr Stück »Nutten, Koks und Erdbeereis« ist ganz großes Kino. Es zeigt, warum Mary Roos eine Ausnahmeerscheinung im Showgeschäft war, ist und bleibt! Sie nimmt sich selber ernst, aber niemals zu wichtig. Sie ist nahbar und liebt ihr Publikum. »Nur die Liebe lässt uns leben« – recht hat sie!

Lilo gibt lieber, als dass sie nimmt. Obwohl ich finde, sie sollte öfter mal was nehmen, verdient hätte sie es.

Ich begleitete Lilo zur Talkshow von Johannes B. Kerner und dann zur Veranstaltung »Radio Regenbogen« in Mannheim. Wir feierten mit Gloria Gaynor und »The Weather Girls«, Verona stellte uns Franjo vor. Ein lustiger Abend!

Die Hotelbetten blieben unbenutzt, zumindest meins, und wir beschlossen nach dem Frühstück, verkatert, wie wir waren, doch lieber gleich nach Hamburg zu fahren. Mit der Bahn, wohlgemerkt.

Ein anderes Mal ging es zur Verleihung der Goldenen Kamera nach Berlin. Ein toller Abend! Frau Wanders wurde von vier muskelbepackten Männern in einer Sänfte auf die Bühne getragen, erklärte, dass sie so immer zum Einkaufen in den nächsten Supermarkt gehe, und wurde mit Standing Ovations belohnt. Am Abend zuvor hatten wir bereits alle Preisträger auf einer Party getroffen, allen voran die unverwüstliche Inge Meysel, die uns erklärte, dass alle Anwesenden homosexuell seien, es aber noch nicht wüssten. Doch das erwähnte ich bereits. Ernie und ich feierten später in dieser Nacht bis in den frühen Morgen mit Heike Makatsch, Götz Otto und anderen Mitgliedern der deutschen Filmprominenz in irgendeinem angesagten Lokal im Prenzlauer Berg. Diesmal wurden die Betten des Hotels benutzt. Kurz und heftig. Zumindest meins! Mit wem? Das wüssten Sie wohl gerne!

Gegen Ende des Millenniums wechselte ich endgültig den Job und war jetzt Vollzeitfotograf. Ich hatte im Leben, trotz allem, viel Glück gehabt und wollte etwas für andere tun, zurückgeben, teilen. Wie ich schon erwähnte, fotografierte ich im Dezember 1999 in einem Zeitraum von zwei Wochen fünfundzwanzig Drogenabhängige in Hamburg. Klienten bei »Subway e.V.«. Es gab keine Fördermittel und wir mussten das Projekt irgendwie selbst finanzieren. Ich zog sämtliche Register, was Freundschaftskarten und Beziehungen in der Branche betraf. Trotzdem fehlte Geld. Frau Wanders setzte sich kurz entschlossen nackt auf einen Stuhl, ließ sich für Görtz mit dem Slogan »Ich gebe alles! Außer meine Schuhe« ablichten und spendete die enorme Gage in Höhe von 10.000 Mark für unser Projekt, das ich mit meiner Freundin Brigitte organisierte und durchführte. Aber es blieb nicht bei der Spende.

Bei einer Tombola im »Schmidt« kurze Zeit später konnte man einen Abend mit Lilo gewinnen. Ich ging als »Walker« mit, das tat ich oft und gerne. Es gibt keine Zufälle. Der Mann, der den Abend mit der Wanders gewann, hatte einen Buchverlag, Frau Wanders berichtete ihm von unserem Projekt und ein halbes Jahr später hatten wir nicht nur eine Ausstellung im Hamburger Hauptbahnhof, sondern hielten auch ein Buch mit den Bildern und unseren Texten in Händen: »Keine Zeit für Eitelkeit«. Einige Jahre später finanzierte die Bundesregierung unter der Schirmherrschaft des damaligen Verkehrsministers Dr. Manfred Stolpe und Lilo Wanders mein Projekt. Wir nannten es »Traffic« und präsentierten die Ausstellung während der darauffolgenden Jahre in siebzehn deutschen Städten. Die letzte Präsentation fand 2008 im Roten Rathaus in Berlin statt. Der damalige Bürgermeister Klaus Wowereit unterstützte das Projekt ebenfalls und ich hielt am nächsten Tag einen Vortrag vor einer Versammlung der europäischen Drogenbeauftragten, die ebenfalls im Rathaus stattfand. Kurz darauf stellten wir auch in Zypern aus. Lilo und ich waren bei fast jeder Vernissage der Ausstellung in Deutschland dabei und konnten über Drogenmissbrauch, die Ursachen und Spätfolgen aufklären.

Bis heute macht Lilo diese soziale Arbeit, ist Schirmherrin der »COME OUT! Stiftung« und setzt sich nach wie vor ehrenamtlich für die Belange der »LGBTQ+«-Community ein.

Ich finde, wir sollten nicht vergessen, wer Lilo Wanders ist und was diese einzigartige Figur des deutschen Showgeschäfts bewirkt hat. Im gesellschaftlichen ebenso wie im politischen Sinne. Klar, da waren »Mary« und »Olivia Jones«, beide sehr erfolgreich und gut in ihrem Job. Und von der äußeren Perfektion der »Mary« und ihres Erfinders Georg Preuße kann sich Lilo gerne mal eine Scheibe abschneiden. Aber ihre gesellschaftliche und politische Stellung verdankt Lilo Wanders ganz einfach Ernie und steht damit solo auf dem Parkett, auf dem sich die Geschlechter vermischen. Heute werden Persönlichkeiten wie Conchita Wurst oder Bill Kaulitz und andere Mitglieder der »LGBTQ+«-Community nicht von vornherein abgekanzelt und in eine Schublade gesteckt. Das hat viel mit Lilos jahrzehntelanger Arbeit zu tun, als es noch nicht selbstverständlich war, wer sie war und was sie machte. Das erforderte Mut. Und Persönlichkeit. Und Stärke. Und überhaupt: Ernie war bereits lange non-binär, bevor irgendjemand diesen Begriff für die Öffentlichkeit prägte. Ähnlich wie David Bowie oder Boy George und andere wunderbare »Paradiesvögel« im Showgeschäft.

Und somit feiern Ernie und ich weiterhin Geburtstage zusammen, verbringen die Sommerfrische auf dem Deich. Bereichern uns gegenseitig, unterstützen uns, vergeben einander, (er-)tragen uns. Und sind, nach wie vor, auch genervt voneinander. Was dem gegenseitigen Respekt keinen Abbruch tut. Was sich liebt, das muss sich auch streiten. Das Leben und die Welt werden immer verrückter, wir werden älter und seltsamer, aber die Freundschaft mit Ernie bleibt.

12. WALKING DOGS MIT BRAD IN BEVERLY HILLS

Außer seltsamen Probeaufnahmen in Hollywood für einen »Baywatch«-Aufguss mit einem dubiosen Produzenten habe ich, was meine Ambitionen, Schauspieler zu werden, betrifft, nicht viel vorzuweisen. Der Produzent aus Hollywood sah mich bei meinem nicht sehr legendären Auftritt bei den »Naked Angels« in New York und bestellte mich am nächsten Tag in seine Suite ins Plaza Hotel. Ich wurde von oben bis unten gemustert, dann sollte ich mein T-Shirt ausziehen. Gemacht, getan, es ging ja um Baywatch oder was daraus werden sollte. Dann warf er mir eine rote Badehose zu. Auch die zog ich an. Dem Mann gefiel, was er sah, und ich sollte für Probeaufnahmen nach Los Angeles kommen. Vielleicht diesmal mit Text?

Die wollten wohl sehen, wie ich laufen konnte. Am Strand. Um Leben zu retten. In Zeitlupe!

Ein paar Wochen später flog ich nach Cabo San Lucas, um dort zu arbeiten. Auf dem Rückweg konnte ich nach L.A. kommen, es lag praktisch auf dem Weg. Zwei Fliegen, große Klappe. Sehr praktisch. Abgemacht. Sechs Wochen später saß ich im Taxi vom Flughafen LAX nach Beverly Hills.

Nervös? Ich? Nein! Hollywood wartete anscheinend.

Naiv? Ich? Durchaus! Und blauäugig.

Für ein paar Tage wohnte ich in Beverly Hills bei dem Produzenten. Sein Name war Joe. Mit Stielaugen, als ich die rote Badehose anzog. Es war mir egal, ich wollte die Probeaufnahmen machen und dann den Job bekommen.

Joe begrüßte mich, zeigte mir sein Zimmer und dann den Pool. »Da kannst du jederzeit reinspringen. Die Badehose brauchst du nicht. Wir sind hier ganz europäisch und frei.«

Soso. Na dann war ja alles klar.

Joe hatte zwei Mastiffs, Edith und Ester, die täglich Gassi gehen wollten und mussten. Da wurde mein kühles deutsches Herz sehr schnell ganz schwach. Ich liebe Hunde, die meisten lieben mich zurück. So auch die beiden haarigen Ungeheuer, die mich von oben bis unten vollsabberten.

»Schön, da kannst du dann gleich mal eine Runde drehen. Mein Dogwalker ist krank.«

Coole Sache! Es war Ende August. Ich trug Shorts und ein Tank Top. Meine Haare waren fast schulterlang und ich war nach zwei Wochen Cabo San Lucas ziemlich braun. Ich sah eher aus wie ein Surfer und nicht wie ein angehender Hollywoodstar. Dachte ich! Aber ich dachte damals oft viel und lang, und das hatte meistens nichts mit der Realität zu tun. Ich nahm die beiden Hunde, das war doch eine gute Gelegenheit, die Gegend zu erkunden. Esther Williams wohnte hier. Irgendwo. Tippi Hedren hatte ich auch schon gesehen. Und das Beverly Hills Hotel war um die Ecke.

Ich verließ das Haus, eine Leine nahm ich nicht mit. Hunde haben ein gutes Gespür für Menschen, und die beiden haarigen Wesen würden mir den Weg schon zeigen.

Kaum hatten wir das übernächste Haus erreicht, erstürmten Edith und Ester die Einfahrt. Vielleicht wollten sie einen Freund besuchen. Oder einen anderen Hund. Oder beides. Schwanzwedelnd standen sie vor der Tür. Das Haus war nicht besonders groß, nicht auffällig, es gefiel mir. Hier könnte ich auch leben. New York war cool, aber L.A. hatte ganz andere Vibes. Dass Beverly Hills nicht charakteristisch für Los Angeles ist, war mir damals nicht unbedingt klar. Eingeschränkte Sichtweise. Auch das hilft manchmal, die Realität zu ertragen. Edith und Ester bellten kurz und laut. Die Tür öffnete sich und ein großer Hund unbestimmter Rasse stürmte heraus. Die Vierbeiner begrüßten sich überschwänglich. Ah! Love! Der große unbekannte Hund kam auf mich zu, sprang an mir hoch und legte mir die Pfoten auf die Schulter. Wie gesagt, ich liebe Hunde, je größer, desto besser. Eine Frau kam aus dem Haus und beobachtete uns höchst amüsiert. Sunset Boulevard hätte nicht besser sein können. Sie war schon älter, trug einen Kaftan, die Haare unter einem großen Tuch verborgen. Make-up am frühen Nachmittag. Sie schaute auf die Hunde, dann auf mich.

»Du bist nicht Joe. Und auch nicht Charly.«

Ich sah sie fragend an. »Charly?«

Sie lachte. »Vielleicht eher ein Papagei, der Dinge wiederholt? Charly ist der Dogwalker.«

Edith und Ester begrüßten die alte Dame freudig.

»Nein, ich heiße Michael und gehe heute mit den beiden spazieren.«

»Und du bist kein Amerikaner.«

»Auch das bin ich nicht. Deutscher, legal alien! Ich bin hier zu Probeaufnahmen für eine neue Serie und wohne bei Joe.«

»Ah, Probeaufnahmen. Lass mich raten: Baywatch?« Die bemalten Augenbrauen zogen sich gefährlich nach oben. »Na dann, viel Glück. Ich hoffe, du überlebst die nächsten Tage. Geh bloß nicht in den Pool. Da sind schon ganz andere drin verschwunden und nie wieder aufgetaucht. Praktisch, dass du heute kommst, Darling, dann nimm Costas gleich mit.« Sie deutete auf den Rüden. »Er mag dich, eine Leine brauchst du nicht. Die drei kennen den Weg und sind überall bekannt. Oder geh mit Brad, der kennt sich aus!«

Sie winkte einem bärtigen, langhaarigen, schlaksigen blonden Mann zu, der mit einem Hund auf der anderen Straßenseite ging. Er nickte kurz, winkte und zog an seiner selbst gedrehten Zigarette. »Debbie, how is it hanging?«

Sie lachte, als hätte er den Scherz des Jahrhunderts gemacht, und flatterte mit den Wimpern wie ein Schmetterling mit seinen Flügeln. Ah, Liebe, Koketterie, Eitelkeit. Zeit macht nur vor dem Teufel halt, niemand ist gewappnet. Die Hunde waren bereits zu dem rauchenden Hippie gelaufen und begrüßten ihn. Ich schloss mich ihnen an. Brads Haar war gefärbt, wie ich mit einem geschulten Blick feststellte. Unreine Haut, die Zigarette bestand wahrscheinlich nicht nur aus Tabak. Aber er hatte wunderschöne Hände. Eine davon reichte er mir. »Na, bist du der neue Walker von Edith und Ester?«

Ich gab auf. Offenbar waren ihm die beiden Hunde bekannt und ich sah aus wie ein Tierpfleger.

»Anscheinend ja, oder zumindest glaubt das jeder, den ich in den letzten zwanzig Minuten getroffen habe. Oder ich bin ein guter Schauspieler.«

Der Hippie lachte. »Lass mich raten: Probeaufnahmen bei Mr. Joe? Baywatch?«

Jetzt war ich es, der langsam nervös wurde. Anscheinend war der gute Joe bekannt für diese Probeaufnahmen. Und für seinen Pool. Und für junge Männer, die auf seine Masche reinfielen.

»Relax, mein Freund, er ist wirklich Produzent, aber die Geschichte haben wir inzwischen öfter gehört. Vielleicht hast du Glück. Ich wohne auch in der Nachbarschaft! Möchtest du?« Er hielt mir seine Zigarette vors Gesicht.

»Nein, danke, nicht mein Ding, danach will ich nur noch essen und fernsehen, und das tagelang.«

Er lachte und verschluckte sich. »Kenn ich gut. Ich trink dann lieber Bier.« Er hatte einen leicht texanischen Akzent und zog die Vokale in die Länge.

Wir folgten den Hunden, die tatsächlich den Weg kannten. Der Mann mit den schönen Händen erklärte mir, welcher Star hier wo und wann gewohnt hatte oder es immer noch tat. Ab und zu grüßte ihn jemand.

»Arbeitest du schon lange hier als Dogwalker?«, fragte ich ihn, als wir am Haus von Jennifer Aniston vorbeigingen.

»So lange, wie es Hunde gibt«, erwiderte er. Dann legte er den Kopf in den Nacken und lachte laut. »Du musst noch viel lernen, mein Freund.«

Der Typ war ja gut drauf! Der war höchstens so alt wie ich! Na, anscheinend hatte er schon mehr Zeit hier verbracht und kannte die Spiele in Beverly Hills, die wilden, die müden. Wir quatschten über das Leben und seine Freundin, deren Namen er mir nicht nannte. Da gab es wohl Probleme.

Nach zwei Stunden waren wir wieder vor Joes Haus.

»Ich wohne gleich da drüben.« Er deutete mit dem Kopf in Richtung einer Hecke, das Haus war dahinter verborgen.

»Good luck my friend, I will catch you later.« Er tätschelte den Hunden den Kopf, nickte kurz. »Und geh bloß nicht in den Pool! Leute verschwinden hier auf mysteriöse Weise.«

Ungläubig starrte ich ihn an. »Dude, relax«, fuhr er fort. »Und glaub nicht alles, was du hörst.« Er lachte, tippte sich an die Stirn und war verschwunden.

Komischer Typ. Ich ging zurück ins Haus.

Joe sah mich an. »Das war ja ein ziemlich langer Spaziergang. Wo warst du denn?«

Ich erzählte kurz von Debbie und dem rauchenden Hippie.

»Ah, du hast Brad getroffen. Der ist neulich hier in die Gegend gezogen. Der wird heiß gehandelt.«

Heiß gehandelt? Was hatte der Typ denn noch für Jobs? Und dann diese Poolgeschichten …

Fuck them all, da würde ich aber so was von reinspringen!

Am nächsten Tag machten wir die Probeaufnahmen am Venice Beach. Das Wasser war so kalt, dass ich froh war, Badeshorts anzuhaben. Das Ganze dauerte eine Stunde, der Kameramann gähnte, der Tonmann war eindeutig bekifft und Make-up musste ich selber machen. Ich sprach zwei Sätze und sprang gefühlte zwanzig Mal in das eisige Wasser, um eine imaginäre Blondine zu retten. Mehr muss ich dazu nicht sagen.

Bei einer Poolparty in Joes Haus schwamm ich dann am nächsten Tag neben einem Mann, der sich als Priester outete. Und als Lover eines großen Actionstars. Nach den Probeaufnahmen musste ich auf keine Casting-Couch. Das musste ich nie, never! Wahrscheinlich spürte jeder, der in Versuchung kam, mich auf eine solche zu zerren, dass mit mir nicht gut Kirschen essen ist, wenn es um Zwang geht. Ganz falsche Adresse.

Hollywood blieb mir erspart! Gott sei Dank!

Ein Jahr später hatte ich einen Termin bei meiner Agentin Lisa Schiffmann. Sie war damals ein Teil von »Next«, einer großen Modelagentur, und repräsentierte Make-up-Artisten und Stylisten. Sie nannte das Ganze »Next Artists« – viel Schall und Rauch, aber was brauchen Agenten außer einem Telefon und Überzeugungskraft? Und dem Talent derer, das sie verkaufen, weil Künstler sich selbst oft nicht verkaufen können. Bei »Next« gab es damals zehn Booker, die Agentur glich einem Bienenschwarm, Models wurden gehypt, jeder war am Telefon. Ich liebte diesen Ort.

Leigh war eine Modelagentin. Klein, tough, große Klappe. Aus unerfindlichen Gründen mochten wir uns, sahen uns aber nur in der Agentur, privat hatten wir nichts miteinander zu tun. Ich ging zu ihrem Platz. »Michael!« Es klang mehr wie ein Schrei als wie eine Begrüßung. Wir herzten uns kurz und mein Blick fiel auf ein Bild, dass mit Tesafilm an ihrem Computer befestigt war. Eine Schwarz-Weiß-Aufnahme im DIN-A5-Format. Der Typ auf dem Bild hatte langes blondes Haar und schaute in die Kamera. Woher kannte Leigh den Dogwalker aus Beverly Hills? »For Leigh! Love Brad!« Was hatte ich verpasst? Ich sah Leigh an. Sie wurde tatsächlich rot.

»Ist er nicht ein Traum?«

»Was hast du denn mit dem zu tun?«

Leigh sah mich verständnislos an. »Was ich mit dem zu tun habe? Leider nichts. Ein Freund von mir hat das Foto besorgt.«

Das wunderte mich nicht, Leigh kannte die Drahtzieher im Business.

»War er nicht göttlich in ›Legenden der Leidenschaft‹?«

Zwei Jahre später war Leigh über ihre Leidenschaft hinweg und schenkte mir das Foto des bärtigen, langhaarigen, blond gefärbten Mannes. Ich habe es immer noch.

Es liegt in der Fotokiste auf Lilos Gut …

13. TONI COLETTE ODER: »I AM NOT YOUR FUCKING HONEY!«

Stars sind auch nur Menschen oder glauben, es zu sein. Oder wollen uns manchmal glauben lassen, dass sie völlig normal sind. Das sind sie aber meistens nicht. Wie soll das auch gehen bei dem Druck, im Rampenlicht zu stehen und stets bereit sein zu müssen? Mit mikroskopischem Blick beäugt von der Öffentlichkeit, besonders in den letzten Jahren, seitdem jeder Hinz und Kunz oder Internet-Trolle glauben, ihre für gewöhnlich unwesentliche Meinung in die Welt hinausposaunen zu müssen.

Aber es gibt Momente, da sind Stars genauso authentisch wie wir alle. Wenn ihnen der Kragen platzt. Wenn Dinge nicht so laufen, wie sie sollten. Oder wenn man einen Mittelplatz in einem vollen Flieger erwischt, der noch dazu nass ist. Shit happens.

Womit wir bei der nächsten amüsanten Episode sind.

Während meiner New Yorker Hoch-Zeit als Make-up-Artist arbeitete ich weiterhin mit meiner Freundin Margaretha Olschewski. Sie nahm ihr Megafon und flog von einer internationalen Location zur nächsten, um lautstark jedem den Kopf zu waschen, ob er es verdiente oder nicht. Sie etablierte sich damals in Deutschland neben Ellen von Unwerth und Gabo als Starfotografin der Neunziger.

1992 flogen wir für eine Kampagne nach Jamaika und begaben uns ins Round Hill Hotel. Exklusive Location, Leute wie Paul McCartney und Rod Stewart hatten dort Villen, die an gut zahlende Gäste vermietet wurden. Dazu gab es ein Hotel gleich am Meer, in dem wir wohnten. Am zweiten Tag wurde eine große Grillparty veranstaltet. Boris und Barbara Becker saßen neben uns. Es sollte noch ein Vierteljahrhundert dauern, bis ich Barbara Becker in meiner Funktion als Fotograf vor der Linse haben sollte.

Barbara ist eine sehr talentierte Frau mit viel Geschmack. Sie kennt Gott und die Welt. Und das ist nicht so dahergesagt. Sie kennt wirklich Gott und die Welt! Wir haben viele gemeinsame Freunde, trafen uns aber erst nach Jahren persönlich in ihrem Haus in Miami anlässlich eines Fotoshootings für einen deutschen Kunden. Da war ich plötzlich in Barbaras Welt. Und da drehte sich damals alles um sie, zumindest solange ihre Söhne nicht anwesend waren.

Es war bereits Mai und sehr heiß in Miami. Und schwül. Ich hatte in diesen Tagen hin und wieder den Eindruck, als ob Barbara kurzzeitig vergaß, dass es sich um einen Job handelte und dass die Temperatur fast 35 Grad betrug. Besonders als wir an unserer Location im Design District waren. Zufällig kam der deutsche Konsul in Miami vorbei. Er zeigte sich höchst angetan und die beiden tranken »kurz« einen Kaffee.

Nach vierzig Minuten Warten in der Hitze – wir hatten kein Motorhome zur Verfügung – hatte ich die Nase voll. Das Licht an unserem Drehort war weg, ich trommelte das Team zusammen und ließ es in den Van einsteigen.

»Du weißt, wo wir sind«, sagte ich zu der Kundin. »Wenn Barbara fertig ist, kommt am besten nach.« Sie starrte mich an und konnte offenbar nicht glauben, dass ich einfach zur nächsten Location fuhr. Ich hatte Supermodels die Bürste in die Hand gedrückt und lasse mir auch sonst nur ungern die Butter vom Brot nehmen. So nicht! Sorry!

Barbara und die Kundin kamen eine Stunde später nach. Im letzten Licht machten wir mit Blitz ein tolles Bild, das die »Gala« dann mehrfach druckte. Alles hat sein Gutes. Und Barbara lebt eben im Moment und vergisst gelegentlich die Zeit.

Und, wie bereits erwähnt: Geschmack hat sie, das muss ich ihr lassen!

An jenem Abend im Round Hill Hotel auf Jamaika wechselte ich mit ihr und Boris nur ein paar Worte.

Am vorletzten Tag der Produktion hatte ich etwas Zeit und ging mit der Agentin des Hotels reiten. Ab in den Dschungel! Sie war eine passionierte Reiterin. Auf dem Rücken der Pferde, angeblich der Himmel für einige Menschen, bin ich eher mittelmäßig. Ich liebe Pferde, sie haben jedoch ihren eigenen Kopf – so wie ich! Die Reiterfahrungen seit meiner Kindheit waren ehrenwert, aber beschränkt.

Das Pferd brannte im jamaikanischen Dschungel einfach durch und ich hielt mich an der Mähne fest. Gott sei Dank wurde ich nicht abgeworfen. Beim Absteigen knickte ich allerdings böse um. Dumm gelaufen. Fuß verstaucht. Krücken.

Zwei Tage später ging es zurück nach New York. Das konnte ja heiter werden! NYC ist keine Stadt für Menschen mit Krücken.

Am Abend der Abreise war der Flughafen in Jamaika überfüllt, es regnete, der Flug wurde zweimal verschoben. Ich kaufte einige Magazine. Ja, damals gab es noch Zeitschriften. Die Verkäuferin steckte sie in eine große Plastiktüte.

»Jetzt bloß nicht nass werden!« Die hatte ja Humor.

Gegen 21 Uhr saßen wir endlich im Flieger, der Platz neben mir, ein Mittelplatz, blieb frei. Gott sei Dank! So konnte ich diese blöden Krücken abstellen. Wir waren bereits angeschnallt, da kam noch eine Nachzüglerin an Bord. Eine große Blondine, sehr schlank, die Haare schulterlang. Ihr T-Shirt war durchnässt. In Jamaika musste man damals noch über das Rollfeld laufen, um an Bord zu gelangen.

Die Blondine wirkte ungehalten, steuerte durch den bepackten Flieger direkt auf meine Reihe zu, hob die Augenbrauen und deutete mit dem Mittelfinger wortlos auf den freien Platz, die Flugbegleiterin im Schlepptau.

Ich traute meinen Augen nicht. Das war Toni Colette! Es war Muriel aus »Muriels Hochzeit«. Jene Schauspielerin, die Jahre später die Mutter des kleinen Jungen in dem Film mit Bruce Willis spielte, der immer schrie, er könne tote Leute sehen. Richtig: »The Sixth Sense«. Dafür bekam sie sogar eine Oscar-Nominierung. Verdient. Coole Frau, tolle Schauspielerin. Immer noch. Bis heute!

An diesem Abend im überfüllten Flieger war sie allerdings vollkommen genervt. Die Frau neben mir hatte nichts mit der fülligen Figur der Muriel gemein, vielleicht war sie wegen der Diät so schlecht gelaunt. Ich erkannte sie nur, weil »Time Out« neulich über sie berichtet hatte. Es hieß, sie spiele in New York am Broadway Theater.

Ich musterte sie erwartungsvoll und wartete regelrecht darauf, dass sie gleich platzen würde.

»Ich nehme an, das ist mein Platz?« Tonis Mittelfinger zeigte immer noch auf den Sitz neben mir.

»Aber ich habe es doch schon gesagt: Da kannst du dich nicht hinsetzen, der Platz ist leider feucht, Honey!«, gurrte die Flugbegleiterin und meinte es wohl gut, aber Miss Colette drehte sich zu ihr um und entgegnete in einem Ton, der das ganze Flugzeug zum

Schweigen brachte: »Ich werde dort sitzen! Weil sonst kein Platz mehr frei ist! In diesem alten Flieger! And I am not your fucking Honey! Honey!«

Ich schmunzelte. Allein das war schon einen Oscar wert! Die Flugbegleiterin – ihrem Akzent nach zu urteilen wahrscheinlich eine gute texanische Christin – sah Toni sprachlos an. Das grenzte an Beamtenbeleidigung! Ihr Gesichtsausdruck änderte sich, sie wurde knallrot und von einer Sekunde auf die andere wütend. Berechtigterweise. Never fuck with a flight attendant!

»Du passt besser auf, was du sagst, Honey!«

Wenn Blicke töten könnten, wäre Toni in diesem Augenblick umgefallen. Wahrscheinlich würde gleich die Polizei kommen und die kratzbürstige Passagierin aus dem Flugzeug schleifen. Ein Horrorszenario ohnegleichen. Mein Gefühl sagte mir, ich würde nie in New York ankommen. Also besser in den Apfel – ob süß oder sauer, sei dahingestellt – beißen und die beiden Kampfhähne – oder besser: Kampfhühner – beschwichtigen. Kurzentschlossen nahm ich die Krücken, erhob mich mühsam aus meinem Sitz und lächelte die Damen an, die inzwischen wütenden Drachen glichen.

»Ladies, don't worry. Ich setze mich einfach auf den Mittelplatz.«

Ich nahm die Magazine aus der Plastiktüte und stülpte diese über den feuchten Sitz. »So, Problem gelöst. Let's go! Ich habe morgen Termine in New York.« Ich deutete auf den vermaledeiten Fuß und zog die Krankenkarte. Ohne eine Antwort abzuwarten, sank ich in den Sitz, die Krücken vor der Nase. Ein Vier-Stunden-Flug! Na prost Mahlzeit!

Toni setzte sich auf meinen Platz und ich fühlte die Wut der gesamten Welt aus ihr herausströmen. Himmel, die hatte wirklich keinen guten Tag gehabt! Was war dagegen ein verstauchter Knöchel? Der zerrte längst nicht so am Nervenkostüm wie das, was bei ihr gerade abging.

Kurze Zeit später hoben wir ab. In den nächsten zwanzig Minuten war alles ruhig, auch die Dame neben mir. Dann kam der Bordservice. Die texanische Katholikin schob missbilligend den Getränkewagen vor sich her und knallte Toni ein labbriges Sandwich vor die Nase. Mir auch. Bam! Bam! Besser als in jedem Film. Ich bestellte zwei Wodka und zwei Wasser. Miss Colette schwieg vor sich hin. Der Getränkewagen inklusive der beleidigten Flugbegleitung rauschte weiter. Kurzerhand stellte ich Toni die Miniflasche Wodka auf den Klapptisch. Sie sah mich an.

»Let's have a drink, das haben wir uns verdient. Du könntest übrigens jeden Wet-T-Shirt-Wettbewerb gewinnen. Und ich, so wie es aussieht und sich anfühlt, jeden Nasse-Hosen-Wettbewerb. Plastiktüten sind auch nicht mehr das, was sie mal waren.«

Ich prostete ihr zu, sie lächelte. Zum ersten Mal. Viele Zähne! Wir tranken. Und dann konnte ich es mir nicht verkneifen, obwohl das auch nach hinten losgehen konnte.

»You're terrible, Muriel!«

Jener epische Satz aus »Muriels Hochzeit«, den keiner vergisst, der diesen Film je gesehen hat.

Toni Colette sah mich an, riss die Augen auf und brach in schallendes Gelächter aus. Fragende Blicke der anderen, ob sie jetzt vollkommen den Verstand verloren hätte. Hatte sie nicht. Ihren Humor Gott sei Dank auch nicht.

14. CHITA RIVERA: DER KUSS DER SPINNENFRAU

Eine traurige Geschichte?

Nein! Eigentlich nicht. Eher eine berührende, die zeigt, was Menschsein bedeutet. Egal ob du ein Star bist oder nicht.

Chita Rivera ist in Deutschland nicht sehr bekannt. Leider und zu Unrecht. In Amerika ist das etwas anderes. Hier gilt sie als »Legende«, jenes überstrapazierte Wort, das inzwischen fast jedem angehängt wird, der bereits in die Jahre gekommen ist und irgendwann mal Erfolg hatte. So wie in Deutschland inzwischen alles »Kult« ist. Wenn ich das schon höre!

»Kult«! Was bedeutet das eigentlich? Kultur? Oder dass man einer Gruppe, einem »Kult« angehört? Genauso undefinierbar wie »Voll Porno«, »Delulu« oder »Woke«. Jede Generation hat ihre eigenen Wörter. Meine Mutter fand alles »knorke«, ich »ätzend«.

Aber Kult? Na gut!

Chita Rivera hat eher das Prädikat »Legende« im Showgeschäft verdient. Und da könnte man sich fragen, was denn nun »Legende« bedeutet, aber das würde an dieser Stelle zu weit führen.

Chita war eine »Latina«, eine Frau mit spanischen (»hispanic«) Wurzeln. Schwierig zu vermarkten im weißen Amerika des letzten Jahrhunderts, nur wenige schafften es ganz nach oben. Ausnahmen sind oder waren Jennifer Lopez, Selena, Salma Hayek oder meine »Freundin« Ariana.

Bis vor einigen Jahren galt leider folgende Regel: Wer eine dunkle Hautfarbe hatte, kam, bis auf wenige Ausnahmen, nicht an die großen Rollen in Hollywood heran. Kein Mainstream, nicht weiß genug! Rita Hayworth, Mexikanerin, ein großer Hollywoodstar der Vierzigerjahre (»Gilda«), musste sich Schönheitsoperationen unterziehen und sich eine irische Identität verpassen lassen. Und sie war nicht die Einzige, die verbogen wurde, um vermarktet zu werden.

Rita Moreno erhielt als erste »hispanic« Schauspielerin einen Oscar für die beste Nebenrolle in »West Side Story«. Aus diesem Umfeld kam ein Jahrzehnt später dann auch Chita Rivera. Sie war für einen Oscar in dem Film »Sweet Charity« nominiert, bekam ihn jedoch nicht, wurde schließlich zum großen Broadwaystar und spielte dort mit Liza Minelli in »The Rink« und Ute Lemper in »Chicago«.

Sie bekam mehrere »Tony Awards«, den Oscar der Theaterbranche, den »Drama League Award« und den »Outer Critics Circle Award«. Sie war ein Wirbelwind auf der Bühne, ein absoluter Pro. Keine Skandale, kein Privatleben, das von der Presse ausgeschlachtet wurde. Sie verstarb am 30. Januar 2024 im Alter von einundneunzig Jahren. So viel zur Geschichte.

Als ich Anfang der Neunzigerjahre nach New York zog, hatte ich meine erste eigene Wohnung in Chelsea, einem Stadtteil in New York, zwischen Greenwich Village, dem Meatpacking District und Midtown, das auf dem Sprung zum »angesagten Viertel« war.

Jahre bevor »Sex and the City« diese Gegend ruinierte und Tausende von jungen Frauen nach NYC lockte. Sie hatten ein Handy, zogen mit Handtaschen los, suchten Jobs –schlecht bezahlt – oder Männer – gut betucht – und glaubten, Samantha, Carrie, Charlotte oder Miranda zu sein.

Noch konnte man die Mieten in Chelsea bezahlen, und so lebten viele Schauspieler, Models und Künstler dort. Auch die großartige Julianne Moore wohnte in der Nähe. Ich hatte sie an einem Januarabend bei den Oscars im Fernsehen gesehen, sie war damals Spokesperson für »Revlon«, eine große Kosmetikkette. Der Slogan des Spots war »The most unforgettable women in the world« (die unvergesslichsten Frauen der Welt). Julianne war (und ist bis heute) eine wunderbare Schauspielerin und eine schöne Frau, der Commercial war großartig.

Am nächsten Morgen – es war ein sonniger, aber eiskalter Tag – stand ich an der Ecke 14. Straße, Eighth Avenue. Die Ampel war rot, viel Verkehr. Neben mir eine Frau in einem türkis gemusterten Trainingsanzug mit Kapuze. Wir standen nebeneinander, eisiger Wind fegte uns ins Gesicht.

»Mann, was für ein kalter Tag, unglaublich!«, entfuhr es mir. Die Frau neben mir, ungeschminkt, war eines dieser rothaarigen Wesen, blonde Augenbrauen und Wimpern, blass, ein »leeres« Gesicht, wie es im Model-Business heißt. Super für Make-up, da konnte man alles reinzaubern.

Sie sah eher aus wie ein »Alien«, drehte sich zu mir, lächelte mich gequält an, nickte und sagte: »Wie in Sibirien, so stelle ich es mir zumindest vor.« Dann neigte sie den Kopf zur Seite und ich traute meinen Augen nicht. Sie wirkte fast durchsichtig, dabei aber unglaublich interessant. Dass ich Julianne Moore auf diese Weise als »unvergesslich« im Gedächtnis behalten habe, war, wie so vieles in meinem Leben, dem Zufall geschuldet.

Glenn Close, Michelle Pfeiffer, Debbie Harry von »Blondie« – sie alle liefen damals in der Nachbarschaft herum. Susan Sarandon wohnte ebenfalls in der 15. Straße. Chelsea war cool, entspannt. Keine kreischenden Teenager mit Handys. Als ich allerdings Liev Schreiber an einem Sonntagmorgen im Deli an der Ecke begegnete, musste ich dennoch schlucken. Am Abend zuvor hatte ich ihn als Killer in »Scream« erlebt. When reality meets fiction.

Meine Adresse war 222 West 15th. Street. Bei Insidern auch als »too, too, too much« bekannt. Ein ehemaliges »dormitory« (Wohnheim) für Nonnen in den Dreißigerjahren des letzten Jahrhunderts. Im Keller führte immer noch ein unterirdischer Gang zur Kirche auf der 14. Straße. Meine Wohnung war ein »One Bedroom«, bestehend aus Schlafzimmer, Miniküche, Bad und Wohnraum. Sie lag am Ende des Flurs auf der Ostseite und kostete 900 Dollar im Monat. Ich ging damals zur Schauspielschule und nahm Gesangsunterricht. Tagtäglich sang ich Tonleitern rauf und runter. Ich übte, was das Zeug hielt, und dachte nicht daran, dass mich jemand hören könnte.

Eines Nachmittags – ich hatte gerade meine Tonleitern abgeschlossen – klopfte es an der Tür. Ich öffnete und vor mir stand eine Frau. Sie war Mitte sechzig, hatte langes blondiertes welliges Haar und einen grauen Haaransatz. Sie lächelte. Viele große Zähne, leicht vergilbt.

»Hallo, mein Name ist Maxine, ich wohne hier.« Sie deutete auf die Tür gegenüber meines Apartments. »Wie schön, dass so viele Künstler in diesem Haus leben, aber vielleicht wäre es möglich, deine Gesangsstunden nicht in die Mittagszeit zu legen? Obwohl du eine schöne Stimme hast!«

Das klang nicht besonders überzeugend, war aber lieb gemeint. Ich bat sie herein und wir tranken eine Tasse Tee. Sie war Schriftstellerin, versuchte ihr »großes« Manuskript an Verlage zu bringen. Sie war wunderbar! Charmant, witzig, wortgewandt, intelligent, belesen. Die großen gelben Zähne waren sofort vergessen. Wir wurden Freunde. Ich sang am späten Nachmittag, sie gab mir Texte zum »Probelesen«, ab und zu tranken wir Tee und diskutierten über die Welt, Literatur und Musik im Besonderen.

Ein Jahr später zog ich um. Ich blieb in »too, too, too much«, wechselte aber in den zehnten Stock, eine Wohnung mit Dachterrasse. Ich sah Maxine seltener, wir blieben jedoch in Kontakt.

Zwei Jahre später war ich beruflich viel unterwegs und verbrachte den Sommer in Europa. Am Morgen nach meiner Rückkehr ging ich zum Bäcker, holte Croissants und klingelte dann bei Maxine, um mich zurückzumelden. Ich hörte, dass sie zu Hause war, aber ihre Tür blieb verschlossen.

»Maxine, ich bin es, Michael!«, rief ich. »Ich bin zurück und habe frische Croissants mitgebracht. Aus Paris!«

Sie öffnete die Tür. Wir hatten uns ein halbes Jahr nicht gesehen. Vor mir stand eine offensichtlich kranke Frau.

»Komm herein.«

Meine Mutter war zwei Jahre zuvor an Krebs gestorben. Ich kannte die Zeichen, wusste, wie jemand aussah, der todkrank war.

»Es kam unerwartet und schnell.« Sie erzählte von den Bestrahlungen, der Chemo, der Krebs hatte bereits gestreut. »So ist es, mein junger Freund, nichts ist unendlich. Ich werd' schon nicht daran sterben. Zumindest nicht heute. Danke für das Croissant.«

Während der nächsten Wochen kümmerte ich mich um Maxine. Sie hatte zwar einen Sohn, aber er lebte nicht in New York. Somit war sie sich selbst überlassen. Ich kaufte ein, besorgte Medikamente, ab und zu sahen wir uns einen Film an. Sie liebte »Sweet Charity« von Bob Fosse. Nicht wegen der Hauptdarstellerin Shirley MacLaine, sondern wegen Chita Rivera. Die machte den Film aus. Ganz klar.

»Die Hauptfigur in meinem Roman ist wie Chita«, verriet mir Maxine. »Eine Frau, die sich durchbeißen muss, eine Latina.«

Ich versuchte, mit Verlagen ins Gespräch zu kommen. Vielleicht schafften wir es, ihr Buch zu veröffentlichen.

An einem Sonntagmorgen sah ich in der New York Times eine Anzeige für das Musical »Der Kuss der Spinnenfrau«. In der Hauptrolle Chita Rivera. Ein imaginärer Todesengel in einer Geschichte, die von Liebe, Transgender, Politik und tiefen menschlichen Beziehungen handelt. Ich besorgte zwei Karten. Einige Wochen später an einem Mittwochabend fuhren Maxine und ich mit dem Taxi zum

Broadhurst Theatre am Broadway. Maxine ging es nicht besonders gut, aber sie war hocherfreut und aufgeregt. Während der Vorstellung strömte die Energie von der Bühne in ihren Körper. Chita Rivera und das Ensemble spielten hervorragend, aber die Show war düster und verstärkte meine Melancholie. Die Erinnerungen an meine Mutter kehrten zurück.

Nach dem Ende der Vorstellung sah mich Maxine an. »Danke, das war ganz wunderbar! Komm, wir gehen zum Bühneneingang des Theaters. Vielleicht sehen wir Miss Rivera. Ich hätte so gerne ein Autogramm.«

Wir verließen das Theater und warteten mit einigen anderen Fans. Die Darsteller kamen und nach fünfzehn Minuten dann auch Chita Rivera. Maxine war sichtlich geschwächt, wir standen etwas abseits. Nachdem allen anderen ihr Autogrammwunsch erfüllt worden war, wurde Chita auf uns aufmerksam.

»Guten Abend, Miss Rivera. Meine Freundin Maxine würde gerne ein Autogramm bekommen.« Ich hielt ihr ein Programmheft und einen Stift hin. Chita war noch in vollem Make-up. Sie lächelte mich an und sah dann zu Maxine. Für einen kurzen Moment veränderte sich ihr Gesichtsausdruck. Schmerz gemischt mit Trauer. Ich kannte diesen Blick. Von mir selbst, nachdem ich meine Mutter verloren hatte. Chita ignorierte das Autogrammheft.

»Maxine, wie schön, Sie kennenzulernen. Hat Ihnen die Vorstellung gefallen?«

Sie nahm Maxines Hände und drückte sie. Die beiden sprachen eine Weile miteinander. Dann sah Chita mich an, sie wusste genau, dass sie eine todkranke Frau vor sich hatte.

»Es ist kühl. Möchten Sie kurz mit reinkommen? Ich kann Ihnen gerne die Bühne zeigen, wenn Sie möchten.«

Maxines Gesicht leuchtete wie seit Langem nicht mehr. Wir gingen hinter die Bühne und Chita zeigte uns die Welt hinter den Kulissen. Maxine erzählte von ihrem Roman, der Hauptfigur und wie sehr Chita sie beeinflusst habe. Wir hatten eine Kamera dabei und ich machte ein Bild von den beiden Frauen.

»Hier ist meine Adresse, schicken Sie mir Ihr Manuskript zu. Ich würde es gerne lesen.« Chita schaute auf die Uhr. »Und nun muss ich mich leider verabschieden. Ich bin zu einem späten Dinner verabredet. Wir sprechen uns bald.«

Sie brachte uns zum Seitenausgang und umarmte Maxine. Dann reichte sie mir die Hand. Ihre Miene verdunkelte sich.

»Auf Wiedersehen, mein junger Freund. Schmerz ist Teil des Lebens, vergessen Sie das nicht. Aber er bringt uns nicht um.«

Sie drückte meine Hand. Noch einmal. Alles war gesagt.

Am nächsten Tag schickten wir Chita das Manuskript und in den darauffolgenden Wochen kümmerte ich mich um Maxine.

Eines Tages kam ihr Sohn und zog bei ihr ein. Kümmerte sich. Ich musste wieder auf Reisen, die Miete verdiente sich nicht von alleine.

Nach meiner Rückkehr – inzwischen waren sechs Wochen vergangen – ging ich zu Maxine, aber niemand öffnete mir die Tür. Ich hinterließ Nachrichten auf ihrem Anrufbeantworter – keine Reaktion.

Wochen später traf ich ihren Sohn im Aufzug.

»Wie geht es Ihrer Mutter, sind Sie zu Besuch?«

Es war ihm unangenehm. »Sie ist im Krankenhaus. Ich besorge einige Dinge. Sie kann niemanden sehen. Aber ich grüße sie gerne.«

Einige Monate später stand er vor meiner Tür. Er hielt einen Brief in der Hand. Von Chita. Sie hatte einen Verleger gefunden.

»Was soll ich machen?« Er sah mich hilfesuchend an. »Meine Mutter ist schon seit drei Monaten tot. Ich finde das Manuskript nicht!«

»Warum haben Sie mir das denn nicht gesagt?«

»Ich lebe in ihrer Wohnung. Wenn herauskommt, dass sie tot ist, muss ich ausziehen. Das kann ich mir nicht leisten.«

So viel zu Mieten in New York!

Das Buch wurde nie veröffentlicht.

Im August 2013 war ich bei Freunden auf Fire Island, einer Insel vor New York. Viele Stars kamen, um im »Ice Palace« von Cherry Grove zu performen. Lady Gaga, Liza Minelli, Debbie Reynolds. In diesem Sommer war es Chita Rivera. Zwei Jahrzehnte nach dem »Kuss der Spinnenfrau« sah ich sie wieder auf der Bühne. Fast achtzig Jahre alt, hatte sie nichts von ihrer Präsenz verloren. Nach der Show gab es eine Party, zu der ich auch eingeladen war. Ich wurde Chita vorgestellt.

»Sie kommen mir bekannt vor!«, sagte sie.

Ich nickte. »Es ist lange her. Broadhurst Theater, Sie haben meiner Freundin Maxine das Theater gezeigt.« Ich hatte das Bild, das ich damals backstage aufgenommen hatte, digitalisiert und zeigte es ihr auf meinem Handy.

Chita sah mich an. »Schmerz ist ein Teil des Lebens.«

»Da haben Sie nach wie vor recht. Aber auch Menschlichkeit und emotionales Verständnis. Und dafür, dass Sie das bewiesen haben, bin ich Ihnen bis heute dankbar.«

Sie lächelte und nahm mich in den Arm.

15. JENNIFER RUSH: THE POWER OF LOVE. ODER: WIE FRAU GEKONNT NÄGEL INS PARKETT SCHLÄGT UND CHRISTOPHER LEE ZUM TANZEN BRINGT.

Der »Musikladen«!

Nein, das war kein Geschäft, das war eine Sendung des Bremer Rundfunks, ausgestrahlt in der ARD von 1972 bis 1984.

Alle waren da. Von ABBA bis Zappa. Wer dabei war, wusste, dass der von ihm oder ihr vorgestellte Song zum Erfolg wurde.

Eine coole Sendung, entspannt, unprätentiös mit Go-go-Girls im Bikini, deren Bewegungen nicht viel mit Tanz zu tun hatten. Die Deko sah mehr nach Dorfdisco und Kneipe aus, was das Ganze nahbar und sympathisch machte.

1984 präsentierte Jennifer Rush im »Musikladen« ihren ersten großen Hit, den sie selbst geschrieben hatte: »Ring of Ice«.

Ein großartiger Song. Perfekt produzierter deutscher Pop. Anfang des Jahres 1985 schob sie eine Ballade hinterher: »The Power of Love«. Sie hatte den Song selber geschrieben.

In Deutschland ging das Lied zunächst unter und in England wurde er erst im Herbst zum Hit des Jahres. Man veröffentlichte den Titel noch einmal in Deutschland, und diesmal kam er in die Top Ten und toppte auch die Charts in Australien, Kanada und Österreich. So kann's gehen.

Jenny hielt sich ein paar Jahre sehr erfolgreich im Geschäft, besonders in Europa.

Anfang der Neunzigerjahre nahm dann Celine Dion »The Power of Love« noch einmal auf und die Tantiemen deckten die Ausgaben für Jennys Apartment am Central Park, wie sie mir später erzählte. Celines Version wurde zum Welthit.

Jenny präsentierte das Lied übrigens vierzehn Jahre später während einer ZDF-Sendung, die von Thomas Gottschalk und Verona Feldbusch in der Köln Arena moderiert wurde. Genau, in jener Sendung, in der Heidi Kabel und Inge Meysel … aber das habe ich ja bereits erwähnt. Marianne Rosenberg wollte nicht mehr »Er gehört zu mir« singen. Sie war eigentlich für diese Show vorgesehen.

Doch da halfen weder hohe Gagen noch Engelszungen. Nie wieder »Er gehört zu mir«!

Nun, auch diese Einstellung hat sich dann irgendwann geändert.

Anfang des Jahres 2000 hatte ich mich durchgesetzt und war – entgegen allen Unkenrufen der Branche, dass ich nur ein »wild gewordener Friseur« sei – Fotograf geworden.

Damals noch ein dickes Ding vor der Erfindung der KI und der Digitaltechnik. Noch wurde analog fotografiert, das änderte sich dann um 2004 grundlegend und revolutionierte diese Branche.

Ich flog in dem gerade angebrochenen Jahrzehnt um die halbe Welt, um für Kataloge, Magazine und Werbekampagnen zu arbeiten. Von Hawaii über New York nach Island, von Kapstadt bis Melbourne und auf die griechischen Inseln. Oft war mein Freund, Visagist Andrej Baranow, mit von der Partie. Er war bereits seit Jahren Jennys Hair- und Make-up-Artist und die beiden waren auch befreundet.

Es ist kein Wunder, dass Andrej seit langer Zeit auf Tuchfühlung mit den großen Namen in der Branche ist. Unter anderem auch mit Meryl Streep! Er macht einen großartigen Job und ist vor allen Dingen einfühlsam, nahbar und, was wichtig ist, verschwiegen. Da wird nicht getratscht.

Im März 2010 veröffentlichte Jennifer Rush ein neues Album: »Now Is the Hour«. Jennys Stimme war nach wie vor bombastisch und es waren gute Songs dabei. Geschrieben von Natasha Bedingfield und Jörgen Elofsson, der einige Jahre später Agnethas Comeback »A« produzierte. Genau, Agnetha von ABBA, die Blonde! Gute Voraussetzungen. Eigentlich.

Aber die Musikbranche ist nicht umsonst ein Haifischbecken.

Im Mai des Jahres sollte Jenny im Ritz Carlton in Berlin als Stargast einer Gala auftreten. Außerdem war eine neue Kollektion ihrer größten Hits geplant.

Diesmal suchte Miss Rush den Fotografen für das Cover selber aus und die Wahl fiel auf mich. Wir verabredeten das Fotoshooting für den Tag, an dem auch die Gala in Berlin stattfinden sollte.

»Let's do it all together, Darling. I can't waste any time.« So äußerte sich Jenny am Telefon.

Zack, zack, alles in einem Abwasch! Damit hatte ich kein Problem, schließlich bin ich von der schnellen Truppe.

Ich hatte damals ein eigenes Studio in einem Berliner Altbau in Berlin Schöneberg, gleich um die Ecke von Marlenes Geburtshaus. David Bowie wohnte ein paar Meter von hier ebenfalls in der Hauptstraße. Jedes Mal, wenn ich am »Anderen Ufer«, das man inzwischen in »Neues Ufer« umgetauft hatte, und an seinem Haus vorbeiging, musste ich – kopfschüttelnd über meine naive Unwissenheit – lächeln, ihn und Iggy Pop als Gymnasiast nicht erkannt zu haben.

Das um die Jahrhundertwende errichtete Gebäude, in dem sich mein Studio befand, beherbergte neben drei Fünfhundert-Quadratmeter-Wohnungen ein großes Warenhaus im Erdgeschoss. Auf dem Dachboden gab es eine acht Meter hohe Kuppel, eine fantastische Location. Der Aufzug war nur Staffage und funktionierte nicht. Viele deutsche Stars, Models und Celebrities mussten die Treppe hinauflaufen. Über die Jahre hatte ich die Ehre, die deutsche Schauspiel- und Modelprominenz zu fotografieren. Unter anderem Ann-Kathrin Kramer, Nina Hoss, Maria Furtwängler, Frauke Ludowig, Alexa Maria Surholt, Janin und Kostja Ullmann und Moritz Bleibtreu, um nur einige zu nennen.

Oli Pocher quälte sich inkognito die Treppen hoch, um seine Freundin Monica Ivancan beim Shooting für ein Filmposter zu besuchen. Ich erkannte ihn nicht, dachte, dass er ein Bote der Filmfirma sei.

Redakteure, Produzenten, Art-Direktoren, Schlagersänger, Stylisten, Politiker und natürlich meine Freunde, alle kamen. Das Studio und meine Wohnung waren ein offenes Haus. Immer eine bunte Mischung aus schrägen Vögeln, ganz nach meinem Geschmack. Viele lustige Partys wurden dort oft bis in die frühen Morgenstunden gefeiert. Wer zu Gast war und über Nacht blieb, bekam einen Schlüssel und hatte nur zwei Auflagen: morgens mit Frieda Gassi gehen und frische Brötchen mitbringen.

Schöneberg war immer schon ein tolerantes Pflaster und zudem »multikulti«. Der Besitzer des Döner-Restaurants im Erdgeschoss zeigte sich eher unbeeindruckt von allem, was da bei mir ein und aus ging. Nur bei Tülin Şahin, dem Supermodel aus Istanbul, die Cindy Crawford ähnlich sieht, wurde er schwach und die Dönerrunde, die wir zum Lunch bestellten, ging aufs Haus.

Mein Nachbar war Jeffrey Eugenides. Er hatte damals den Pulitzer-Preis für seinen Roman »Middlesex« gewonnen und wohnte mit seiner Frau, seiner Tochter und dem Kindermädchen nebenan. Im Winter trug er gerne Persianermützen und hätte perfekt in eine andere Zeit gepasst. Ein cooler Mensch, der mir viele Tipps gab, denn ich hatte bereits mit meinem ersten Roman »Katharsis« begonnen.

Wenn ich arbeite, bin ich extrem diszipliniert, da brauche ich meine acht Stunden Schlaf und ein gutes Frühstück, sonst werde ich nölig. Das wird jeder bestätigen können, mit dem ich gearbeitet habe. Einen unterzuckerten Fotografen namens Reh am Set zu haben, empfehle ich niemandem. Meine Assistenten hatten und haben in weiser Voraussicht immer einen Schokoriegel in der Tasche.

Am Morgen des Shootings mit Jenny war Andrej wie immer pünktlich, er wohnte gleich um die Ecke. Wir tranken Kaffee, es war 10 Uhr und er unterrichtete mich über Jennifer Rush, die ich ja noch nicht persönlich kannte. Wie so viele andere Stars ließ sie sich ungern fotografieren, hatte spezielle Vorlieben und eine gewisse Scheu vor der Kamera. Denn die lügt selten, und das war und ist kein Geheimnis.

Glücklicherweise konnte Andrej Jenny bereits im Vorfeld die Ängste nehmen.

Gegen Mittag platzte sie voller Energie ins Studio und beschwerte sich über die vierundsiebzig Stufen. Nach zwei Stunden in der Maske war sie bereit für unser Shooting. Wir kamen gut voran und nach dem Lunch um 15 Uhr wurde das erste Glas Champagner getrunken. Und dann das zweite. Glamour war, Gott sei Dank, auch Jennys Business. Sie zog ihr »Kostüm« aus dem Koffer, in dem sie dann später im Ritz Carlton auftreten würde. Haute Couture! Hautfarbene Seide, Pailletten, Perlen, das volle Programm. Fantastisch! Da wir das Bild im »Anschnitt« machen würden, waren Schuhe erst einmal nicht nötig und sie glitt in Strumpfhose und mit dem Glas Champagner in der Hand über das einhundertzehn Jahre alte Schachtelparkett in dem Raum des Studios, in dem das Bild entstehen sollte.

Und blieb mit dem Saum ihres sündhaft teuren Abendkleides an einem winzigen Nagel hängen, der ungefähr drei Millimeter aus dem Parkett herausragte. Der Saum riss, einige Perlen kullerten übers Parkett und ich sah bereits einen Versicherungsschaden auf mich zukommen.

Oder einen Diva-Anfall.

You never know.

Jenny musterte das zerrissene Kleid, setzte sich auf den Boden, befühlte den Nagel, trank ihr Champagnerglas leer und sagte zu mir auf Deutsch, eine Sprache, die sie fließend spricht: »Honey, am besten, du holst mal schnell einen Hammer. Und bring den Champagner mit. Mutti wird das schon richten.«

Dann wandte sie sich an Andrej: »Und du besorgst Nadel und Seidenfaden. I have to wear this dress tonight after all. Oh Himmel! I should have worn high heels!«

Ich holte den Hammer und die Champagnerflasche, schenkte kurz nach und Jenny hämmerte auf dem Boden sitzend sehr gezielt und gekonnt in ihrem Zehntausend-Dollar-Haute-Couture-Dress den Nagel ins Parkett. Danach wurde dann gleich das gesamte Parkett nach weiteren herausstehenden Nägeln abgesucht. Zum Glück fand sie keine. Andrej reparierte den Saum und einige Minuten später machten wir das Bild. Anschließend gingen wir hinauf in die Kuppel auf dem Dachboden. Wohlweislich in High Heels und ohne Hammer. Es wurden wunderbare Bilder! Ich mochte Jenny. Unverstellt, verrückt, authentisch, gaga! Ganz meine Kragenweite.

Ein paar Stunden später fuhr ich mit dem Taxi und meiner Freundin Alexa Maria Surholt ins Ritz-Carlton zur Gala. Deutschlands Prominenz war zugegen und somit auch die Presse. Alexa hatte und hat bis heute eine Dauerrolle als Zicke in der Serie »In aller Freundschaft«. Wir gingen über den roten Teppich und lösten ein Blitzlichtgewitter aus.

»Mach das mal lieber allein«, raunte ich ihr zu. Nicht mein Ding.

Ich ging ein paar Schritte rückwärts und stieß voll mit jemandem zusammen. Als ich mich umdrehte, sah ich im ersten Moment nur buschige Brauen, durchdringende Augen, große Zähne und viele Falten. Ein hochgewachsener, sehr schlanker, sehr alter Mann beäugte mich wenig erfreut.

Mich durchfuhr ein Schrecken, ein unangenehmes Gefühl, da ich den Mann aus meiner Kindheit kannte. Aus dem Fernsehen. Aus einem Horrorfilm!

Dracula!

Christopher Lee machte eine unwirsche Handbewegung.

»Mind your step, young man!«

»I am so sorry, really! Are you okay?«

Und schon waren die Fotografen da und es blitzte, was das Zeug hielt. Das fehlte mir gerade noch. Mit Christopher Lee im Clinch auf der Titelseite der Berliner Zeitung. Oder der Bild. Zwei Fauxpas an einem Tag: Jenny und der Nagel, und dann auch noch Dracula auf die Füße treten. Und das vor der versammelten deutschen Boulevardpresse. Mir brach der Schweiß aus und ich suchte das Weite, genau genommen die nächste Bar. Das konnte ja ein heiterer Abend werden.

Ganz gegen meine Gewohnheit bestellte ich einen Drink. Sambuca! Weil das Zeug so schön süß ist und nach Lakritze schmeckt. Beruhigt die Nerven!

Alexa kam zu mir und lachte sich halb schief. »So kann man mir auch die Aufmerksamkeit der Presse und das Spotlight nehmen, mein Lieber. Ausgerechnet Christopher Lee. Dracula höchstpersönlich. Sei froh, dass er dich nicht gebissen hat.«

Einer jungen Generation ist Christopher Lee bekannt durch seine Rollen in »Star Wars« und natürlich »Herr der Ringe«. Für mich war, ist und bleibt er Dracula.

Alexa bestellte ein Glas Champagner und ich widmete mich schlückchenweise meinem Sambuca.

Eine halbe Stunde später gingen wir in den großen Ballsaal, in dem das Dinner und Jennys Konzert stattfinden sollten. Das Dinner war bereits in Gange. Jemand führte uns an einen der großen Tische.

An unserem Tisch saßen nicht nur einige sehr prominente Vertreter aus Politik und Kultur, sondern auch der Mann, dem ich vorhin äußerst schmerzhaft auf die Füße getreten war. Mister Lee, der noch dazu mein Tischnachbar war, sah mich missmutig an. Die Dame neben ihm, offensichtlich seine Gattin, flüsterte: »Be nice!«

Angriff ist die beste Verteidigung, dachte ich. Er würde mich gewiss nicht beißen. Und wenn schon. Dracula versprach ja auch ewiges Leben, wenn man von ihm gebissen wurde. Interessante Perspektive. Ich verneigte mich höflich, bevor ich mich setzte.

»Keine Angst, Sir, diesmal trete ich Ihnen bestimmt nicht auf die Füße. Meine Augen sind ja Gott sei Dank im vorderen Teil meines

Kopfes platziert. »Ich reichte ihm die Hand. »Michael Reh. Eine Freude, Sie kennenzulernen. Wie es aussieht, werden wir an diesem schönen Abend noch etwas Zeit miteinander verbringen.«

Christopher Lee wirkte erstaunt und konnte ein kurzes Lächeln nicht unterdrücken. Ich unterhielt mich mit ihm, er taute auf. Interessiert fragte ich ihn, was um alles in der Welt er auf dieser Veranstaltung mache.

»Promotion für einen Film«, erwiderte er. »Klappern gehört zum Handwerk. Und Sie?«

»Nun, die Einladung kam überraschend. Ich habe vorhin Jennifer Rush fotografiert, und sie hat mich gebeten, hierherzukommen.«

Ein ungläubiger Blick von Dracula. »Das ist nicht Ihr Ernst. Wirklich?«

»Ja, wirklich!« Jetzt war ich es, der ungläubig dreinblickte. »Wieso, kennen Sie Jenny auch?«

»Nein, aber sie ist der Grund, weshalb ich eingewilligt habe zu kommen.« Er beugte sich vor und raunte: »I love Jennifer Rush.«

»Darling«, mischte sich seine Frau ein, »das ist doch kein Geheimnis. Ich hoffe, sie singt ›The Power of Love‹. Dann hat sich dieser unsägliche Abend doch gelohnt.« Sie löffelte ihre Crème au Chocolat und sah mich lächelnd an. Offensichtlich entging ihr nichts und sie hatte ein gutes Gehör. »Und wenn Sie Miss Rush kennen, können Sie ihr doch bestimmt meinen Mann vorstellen.«

Ein paar Minuten später war es so weit. 23 Uhr. Jenny betrat die Bühne, tosender Applaus. Sie wurde von einer Live-Band begleitet und sang als ersten Song »Ring of Ice«. Das Stück klang absolut fantastisch, Jennys Stimme nach wie vor von einer Stärke, die live noch besser herüberkam als auf der CD. Sie trug das Haute-Couture-Kleid, dessen Saum vor ein paar Stunden von Andrej ausgebessert worden war. Ein Hit folgte auf den nächsten, die meisten im Saal tanzten oder standen vor der Bühne.

Es begeistert mich immer wieder, wenn ich großartige Sängerinnen und Sänger live sehe. Ich bin kein guter Sänger, ein Talent, das ich mir immer gewünscht habe. Sollte nicht sein. Sehr schade. Dafür kann ich gut tanzen, was ich bei dieser Gelegenheit auch ausgiebig tat. Alexa rockte mit und wir waren nicht die Einzigen. Nach einigen Songs winkte mir Jenny zu und kam an den Bühnenrand, beugte sich vor und drückte mir spontan einen dicken, wenn auch feuchten, von Champagner durchtränkten Kuss auf den Mund. Christopher Lee, der sich trotz seines hohen Alters ebenfalls auf der Tanzfläche tummelte, sah mich an, verdrehte die Augen und zwinkerte mir zu. Der Fauxpas auf dem roten Teppich war endgültig vergeben. Wer in seinem Alter noch »Herr der Ringe« drehen konnte, der hatte auch genügend Energie, um das Tanzbein zu schwingen.

Zum Abschluss sang Jenny dann noch »The Power of Love«. Nicht nur für Mister Lee. Frenetischer Jubel, und schon war alles vorbei. Fünfunddreißig Minuten pure Musik.

Kurze Zeit später schleuste ich Christopher Lee an den Sicherheitskräften vorbei, wir besuchten Jenny in der Garderobe, er bekam ein Autogramm von ihr und sie eins von ihm. Die nächste Flasche Champagner wurde geköpft. Hoch die Tassen! Two happy people. Jedes Idol hat auch ein Idol.

Ein paar Monate später fotografierte ich Jenny für eine große deutsche Zeitschrift in New York. Mitten auf dem Times Square, zu Hause, beim Gesangsunterricht, beim Shoppen. Deutsche Touristen erkannten sie und bekamen ein Foto samt Autogramm. Wir hatten einen wunderbaren Tag, alles verlief sehr entspannt. Das Einzige, das diesmal in Gläsern prickelte, war Mineralwasser.

Jenny ist so, wie ich Menschen mag. Eins zu eins, bestimmt nicht einfach, aber »what you see is what you get«.

Jedes Mal, wenn ich in New York bin, treffen wir uns auf der Upper West Side am Columbus Circle und gehen Mittagessen. Und jedes Mal sage ich ihr, sie solle endlich ein Album mit »American Standards« aufnehmen, so wie Bette Midler oder Queen Latifah. Und jedes Mal sagt sie augenzwinkernd: »Yes Darling, I will.«

Ich warte immer noch darauf, dass sie es tut.

16. MARIANNE ROSENBERG. EIN NACHTSCHATTENGEWÄCHS, REX GILDO UND COSTA CORDALIS. ODER: »DAS GING NACH HINTEN LOS!«

Das Beste zum Schluss. Zumindest eine Erkenntnis!

Wenn man Marianne Rosenberg heute fragen würde, wer ich bin, sie wüsste es nicht. Kann sie auch nicht. Wir sind uns zweimal begegnet, aber wir haben nicht miteinander gesprochen. Und das, obwohl ich ja eigentlich nicht auf den Mund gefallen bin. Was hat sie also mit mir zu tun? Oder besser gesagt, ich mit ihr?

Kurz gesagt: Sie nichts mit mir, aber ich umso mehr mit ihr!

Marianne Rosenberg und ihre Lieder begleiten mich seit über fünfzig Jahren.

Mein Cousin besaß eine LP von ihr: »Träume«, erschienen 1974. Ich hatte sie mir ausgeliehen und die Musik lief auf meinem Plattenspieler, bis die LP dann so verschlissen und zerkratzt war, dass ich ihm eine neue kaufen musste.

Ich mochte das Mädchen auf dem Cover, ich mochte ihre Stimme, ich mochte die Lieder. Es war ihr Lachen, ihre Authentizität, vielleicht ihre linkische Schüchternheit, wenn ich sie im Fernsehen sah. Die Art, wie sie den Mund leicht verzog, wenn sie die hohen Töne traf. Damals wurde ja noch live gesungen. Vor allem aber waren es die Musik und ihre Stimme. Und später, als sie ihre eigenen Songs schrieb, auch die Texte. Ich kannte sie nur aus der »Bravo« und aus dem Fernsehen. Ich hatte ein Bild von ihr, zusammengesetzt aus meinen Eindrücken und der Vermarktung ihrer Person durch die Plattenfirma. Ich mochte sie und musste das auch nicht erklären oder analysieren. Damals. Ich hinterfragte nicht, warum ich sie mochte. Es war einfach so.

Ich war sehr lange ein Fan von Marianne Rosenberg, kaufte ihre Platten. Fand es gut, dass sie Anfang der Achtzigerjahre sagte: »Es reicht«, und lieber auf ihren hohen Hacken in Berlin mit Hausbesitzern demonstrierte, als irgendeinen Stuss in der Hitparade zu singen, der keine Bedeutung mehr hatte. Nicht für sie und nicht für mich und ihre anderen Fans. Einer ihrer letzten Auftritte in der

ZDF-Hitparade zeigte das zu deutlich. Sie nuschelte sich durch den Song »Ich sah deine Tränen« und kaute Kaugummi. Es war ganz einfach vorbei. Für einige Jahre verschwand sie, machte ihr eigenes Ding mit Marianne Enzensberger und Rio Reiser.

Und dann kam sie zurück. So stand es auf dem Plakat anlässlich ihrer ersten LP nach der Pause. »Ein Star kehrt zurück«. In »Bios Bahnhof« sang sie »Ich denk an dich«. Mit Dauerwelle und in einem Look, der eine Mischung aus Grufti, Spitze und Wahrsagerin war. Ungewöhnlich und das wohl sehr gezielt. Der Song war allerdings seicht und plätscherte, wie gewohnt, durchs Ohr.

Mein Schwager, der ein großer Fan von ihr war, lud mich zu einem Konzert ein, das sie in Bochum in einer Disco gab. Wir gingen hin, allerdings wurde ich an der Tür abgewiesen, da ich eine zerrissene Jeans trug. Ein Modestatement zu der damaligen Zeit – offensichtlich nicht in Bochum. Es machte mir nichts aus. Ich genieße ungern Musik mit anderen Menschen in einem Konzert.

Mitte der Neunziger habe ich sie dann doch live erlebt. In der »Fabrik« in Hamburg. »Ganz in Weiß« hieß ihre Show und auf dem Plakat sah sie eher aus wie eine Figur aus »Game of Thrones«. Optisch hatte sie nichts mehr mit der Marianne Rosenberg der Siebzigerjahre zu tun. Die Musik war cool, eine gute Mischung. Nach der Pause erschien Marianne Rosenberg in einem weißen Lichterkleid mit weißer Perücke und Dornenkrone. Abgefahren! Sie sah umwerfend aus und ein lautstarkes Raunen ging durch die Halle. Ihr Kommentar: »Wenn ihr euch beruhigt habt, kann ich ja weitermachen.«

Eine Ohrfeige hätte weniger geschmerzt. Ich fand das so abtörnend, ja fast schon beleidigend, dass ich das Konzert verließ.

Dennoch! Ich hörte weiterhin ihre Musik, denn es war mein »Happy Place«. Aber eher die alten Songs, die sie nicht mehr singen wollte.

Bevor ich von Hamburg nach New York zog, war ich, wie in dem Kapitel »Ein Jahrzehnt der Superlative: die Neunziger« beschrieben, mit einem Pulk von Models und der großen »Burda Modenschau« im wiedervereinigten Deutschland auf Tournee. Die letzte Vorstellung fand in Berlin statt und nach dem Event feierten wir alle in einer angesagten Bar.

Und da war sie. Marianne Rosenberg. Schwarz, Leder, dunkles Make-up, sie rauchte viel und saß gelangweilt mit einem Typen an der Bar. Ich stand gerade mal fünf Meter von ihr entfernt. Ich hatte bereits mit Ikonen telefoniert und bei der Arbeit und durch Freunde ziemlich viele Stars getroffen. Meistens war ich dabei sehr entspannt. Aber hier saß Marianne Rosenberg und mein Teenieherz klopfte wild!

Ich war nervös und überlegte, ob ich sie ansprechen sollte. Zwei der Models, mit denen ich mich auf der Tour gut verstand, bekamen meinen Zwiespalt mit und drängten mich, einfach hinzugehen. »Frag nach einem Autogramm!«, rieten sie mir.

Ich wollte kein Autogramm. Ich war das Kaninchen und Frau Rosenberg, die natürlich nichts davon mitbekam, die Schlange. Lou, eins der Models, ging zu ihr hin und erzählte ihr von meinem Wunsch. Ich hätte sterben mögen! Marianne zog einen Stift aus der Tasche und schrieb auf eine Serviette. »Für Michael. In Liebe, Marianne Rosenberg.«

Sie sah mich nicht einmal an. Das hatte nichts mit Liebe zu tun, die ja bekanntlich »so wehtun kann«. Dennoch hing diese Serviette in einem kleinen Rahmen in meinem Penthouse in New York. Mehr als zehn Jahre.

Bis 1999.

Ich war mit Verona unterwegs, sie moderierte eine Schlagershow für RTL in Leipzig. Die deutsche Prominenz war zugegen. Unter anderem auch Marianne Rosenberg, die, nach wie vor, offensichtlich keinen Bock auf den Zirkus hatte. Während der Probe trug sie eine lange schwarze Robe, einen Mantel, Sonnenbrille und quälte sich durch ihren Song »Leuchtturm«. Guter Song, guter Text. Das hatte nichts mehr mit »Er gehört zu mir« zu tun und es gefiel mir! Ich war gespannt, wie das Publikum darauf reagieren würde.

»Ich bin nicht mehr, wie ich früher war, ich bin's nicht mehr und nichts ist mehr klar.«

»Wie ein Leuchtturm«, ein Song aus dem Album »Luna«. Für mich ihr bestes Album. Texte, Musik, Produktion – alles selbst gemacht. Marianne war jetzt selbstbestimmt, auch wenn die Industrie von ihr verlangte, dass sie Hits ablieferte. Und »Er gehört zu mir« im Fernsehen sang. Was sie in dieser Sendung verweigerte. Jeanette Biedermann musste das tun.

Ich mochte »Luna« sehr und wollte ihr das einfach sagen, gemäß dem Motto: »Ich höre dich und finde es gut, was du machst. Deine ›Liebe‹ hängt an meiner Wand in New York.« Ich fand es damals gut, dass sie gegen alte Muster und Bilder ankämpfte. Mir war nicht bewusst, dass ich als »Fan« aus alten Zeiten irgendwie genau dazugehörte.

Ich fragte die Regieassistentin Regina, ob ich Marianne Rosenberg vielleicht treffen könne. Regina meinte leichtfertig: »Na klar, komm mit, wir gehen zu ihr in die Garderobe. Das macht die bestimmt.«

Es war Winter und es schneite. Ich hatte allerdings nur ein T-Shirt an, da der Saal und Veronas Garderobe vollkommen überheizt waren. Marianne Rosenbergs Garderobe befand sich, so wie die vieler anderer Künstler, auf dem Hof des Gebäudes in einem Container, da der Platz im Hauptgebäude nicht ausreichte. Ich stiefelte Regina hinterher, nahm aber meine Jacke nicht mit. Schnee fiel, und während Regina bei Marianne in der Garderobe war, und das ganze zehn Minuten, mutierte ich langsam, aber sicher zu einer Eisleiche.

Plötzlich ging die Tür des benachbarten Containers auf und Costa Cordalis sah mich fragend an. »Was machst du denn da? Du holst dir ja den Tod, mein Freund!«

Ein zweites Gesicht erschien im Türrahmen. Ebenfalls freundlich. Costas Sohn Lukas, mit dem er an diesem Abend auftreten würde.

In diesem Moment kam Regina aus Mariannes Garderobe und schloss sie hinter sich. »Tut mir leid, Marianne hat keine Zeit.

Wow! Die zweite Ohrfeige!

Es war Regina offensichtlich unangenehm. Mir war es eher peinlich. Vor mir selbst und der Welt. Ich fühlte mich reduziert auf einen Fan; alles andere, was mich ausmachte, zählte nicht. Ich war so unwichtig, dass Marianne Rosenberg nicht mal zwei Minuten Zeit für mich hatte.

Costa spürte das und zog mich in seinen Container. Ich bekam eine Tasse Tee, ein paar aufmunternde Worte, ein unverständliches Kopfschütteln über die Reaktion der Dame nebenan. Costa war einfach cool, drückte mich kurz. »Mach dir nichts draus, Marianne ist eben eigen. Ist vielleicht nicht ihr Tag. Wir sind alle nur Menschen.«

Ich ging zurück zur Bühne. Dort stand ein älterer Herr in den Kulissen und wartete auf seine Probe. Seltsamerweise war er allein, ohne Assistenten oder Gefolge. Braun gebrannt, zentimeterdickes Make-up, Perücke, etwas unsicher auf den Beinen.

Hossa! Fiesta Mexicana! Rex Gildo!

Für alle, die ihn nicht kennen: Rex Gildo hieß eigentlich Ludwig Hirtreiter, kam aus Bayern und war in den Sechziger- und Siebzigerjahren ein großer Star in Deutschland. Mädchenschwarm, Bravo-Liebling und Riesenhits wie »Fiesta Mexicana« mit der Zeile »Hossa, hossa, hossa, hossa«. Da war dann fast drei Jahrzehnte später nicht mehr viel von übrig. Ein Leben lang im deutschen Schlagergefängnis.

Kein Wunder, dass die Rosenberg »Er gehört zu mir« nicht mehr singen wollte. In diese Schublade mit einer solchen Zukunftsaussicht wollte keiner freiwillig!

Dass Rex Gildo wie einige seiner Kollegen schwul war, durfte offiziell niemand wissen. Er heiratete seine Cousine, aber selbst auf den Bildern der Homestorys in der Yellow Press sah man das Unglück hinter Pancake-Make-up, Anzug und Perücke. Ein öffentliches Leben im Gefängnis. Im Schrank sitzen, die Türe von innen fest verschlossen halten und nicht merken, dass die Rückwand fehlt. Rosa von Praunheim hat darüber im Jahre 2023 einen sehr interessanten Film gemacht.

Rex Gildo sah mich an, lächelte und ging dann auf die Bühne. Er war etwas unsicher auf den Beinen, hatte glasige Augen und hangelte sich durch die Probe. »Hossa, hossa, hossa, hossa«, drei Drehungen, ein verklärter Blick in die Kamera. Ich sah mir das Ganze an und fand es aus verschiedenen Gründen traurig. Wahrscheinlich stand er wie so viele andere seiner älteren Kollegen aus finanziellen Gründen hier. Die ZDF-Hitparade-Zeiten waren längst vorbei, die Plattenverkäufe und Rex Gildo Schnee von gestern. Kaufhauseinweihungen, Auftritte in drittklassigen Hotels und Schlager-Revivalshows auf den Privatsendern. Das hatte nichts mehr mit Glanz und Gloria zu tun oder mit der Tatsache, dass er ein guter Sänger war und Musik machen wollte.

Es war ein Job, dem er sich verpflichtet sah, um die Miete bezahlen zu können. Genauso erging es vielen anderen in seiner Branche.

Roy Black, Chris Roberts, Tony Holiday. Deutsche Namen kamen selten vor im Schlager der Siebzigerjahre. »Roy Black« klang internationaler als »Gerhard Höllerich«. Haifischbranche. Wenn du nicht mehr verkaufst, lassen sie dich fallen wie eine heiße Kartoffel. Und der Publikumsgeschmack änderte sich ständig und schnell. Wer kennt heute noch Dennie Christian, Daisy Door, Jonny Hill, Maggie Mae, Tony Marschall oder Tina York, um nur einige zu nennen? Alle waren große Stars mit Nummer-eins-Hits, falschen Namen und einer von der Plattenindustrie übergestülpten Identität. So wie Rex Gildo, der jetzt verschwitzt von der Bühne kam, stolperte und hinfiel. Ich half ihm auf, er hatte sich am Knie verletzt.

»Wo ist Ihre Garderobe?«, fragte ich ihn. »Können Sie laufen?«

»Ja, das geht schon.«

Sein schmerzverzerrtes Gesicht sagte mir etwas anderes.

Regina stand plötzlich neben uns. Wir hakten Rex unter und begleiteten ihn in seine Garderobe, die sich auf dem verschneiten Innenhof in dem Container neben dem von Costa Cordalis befand. Wir halfen ihm hinein, setzten ihn auf einen Stuhl. Wegen der Hitze im Innern des Containers schwitzte er durch sein Make-up, wodurch sich sein Hemdkragen schlammig-braun verfärbte. Ich schob einen Stuhl unter sein Bein.

»Ich hol einen Arzt«, beschloss Regina. »Vorsichtshalber, okay?« Und schon war sie verschwunden.

Auf dem Tisch stand eine Flasche Wasser und ich schenkte Rex ein Glas ein. Obwohl Kaffee vielleicht besser gewesen wäre. Ich sah eine Thermoskanne auf dem Tisch stehen. Ob da Kaffee drin war? Was tun? Ich kannte den Mann nicht, aber er war offensichtlich angeschlagen. In Höhe des Knies drang Blut durch seine Hose. Es waren noch drei Stunden bis zum Showbeginn und Verona wartete bestimmt schon auf mich. Ich hatte zwar ein Handy, aber das lag in meiner Tasche, und die wiederum lag in Veronas Garderobe.

Ich setzte mich neben Rex Gildo: »Lassen Sie mich mal sehen, Sie bluten ja! Sie versauen sich den ganzen Anzug.«

Ich schob das Hosenbein hoch und sah schneeweiße Haut. Die Bräune im Gesicht war offensichtlich aufgemalt und endete am Halskragen. Er hatte sich bei dem Sturz das Schienbein aufgeschlagen. Nach Alkohol und Tupfer zu fragen, erschien mir in diesem Moment nicht passend. Ich nahm eine Serviette und säuberte die Wunde, so gut es ging, mit Wasser. Hauptsache, dass da jetzt kein Dreck reinkommt, hörte ich meine Mutter sagen.

»Tut Ihnen sonst noch etwas weh?« Ich wartete die Antwort nicht ab. »Vielleicht haben Sie sich das Bein verstaucht. Gebrochen scheint es nicht zu sein. Es wird ja gleich ein Sanitäter kommen.«

»Es geht schon, vielen Dank. Wie heißen Sie denn?«

»Michael.«

»Arbeiten Sie für die Produktionsfirma?«

»Nein, ich bin mit Verona hier, ich bin ihr Visagist.«

In diesem Moment kam Regina mit einem Sanitäter, der sich um den lädierten Rex kümmerte. Ich stand daneben und verspürte eine tiefe Traurigkeit. Was für eine Existenz, was für eine Maskerade! Ich nahm mir vor, nie berühmt zu werden – oder Schlagersänger. Oder mich, mein Leben und meine Sexualität jemals zu verbergen. Eine Lüge leben, weil die Gesellschaft und die Industrie es verlangen? Nein danke!

»Verona hat nach dir gefragt. Die suchen dich bereits. Ich habe ihr gesagt, was passiert ist, aber vielleicht solltest du jetzt lieber zu ihr gehen.« Regina sah mich an und zog dramatisch die Augenbrauen nach oben.

Das hatte noch gefehlt: Verona bei schlechter Laune! Rasch verabschiedete ich mich.

»Passen Sie gut auf sich auf. Und viel Glück beim Auftritt!«

Rex Gildo erwiderte meinen Blick und schenkte mir ein gequältes Lächeln.

Ich rannte ins Hauptgebäude und hätte mich beinahe selbst auf die Nase gelegt.

Verona hörte sich meine Geschichte an und hatte, wie immer, den Kopf auf den Schultern und die richtigen Worte parat.

»Hast du gut gemacht. Der arme Rex. Und diese Marianne Rosenberg! Na, der werd' ich was erzählen. ›Wie ein Leuchtturm‹? ›Ich bin nicht mehr, wie ich früher war‹? Offensichtlich.«

Das Ganze war in diesem Moment nicht mehr wichtig. Ich hoffte nur, dass Rex Gildo diesen Abend überstehen würde. Und das tat er. Hossa! Vollprofi. Niemand hätte vermutet, dass er verletzt war.

Nach der Aufzeichnung kam er zu mir und bedankte sich. Der Arzt hatte ihm eine Spritze gegeben, die ihn offenbar stramm auf den Beinen hielt. Trotz seines Lächelns sah ich die Traurigkeit, die Depression und die Leere in seinen Augen. Zu viel Alkohol! Ein halbes Jahr später starb er. Offizielle Todesursache: Er »fiel« aus dem Fenster. Ich war nicht dabei, aber nach Un- oder Zufall sah das nicht aus.

Marianne Rosenberg habe ich seit diesem Abend nicht mehr gesehen. Für einige Zeit hieß sie in meinem engen Freundeskreis aufgrund der »Schmähung« meiner Person (so drückte sich ein Freund theatralisch aus) nur »die Frau, deren Namen wir nicht mehr nennen«. Irgendwann verebbte meine Enttäuschung.

Sie schrieb eine reflektierte Autobiografie »Kokolores«, hatte 2004 und 2019 große Comebacks. Und singt wieder »Er gehört zu mir«, »Ich bin wie du«, »Lieder der Nacht« und »Marleen«. Neu aufgemischt als Remix, von ihr selbst produziert. 2005 drehte sie ein aufschlussreiches Porträt mit dem Titel »Die Marianne-Rosenberg-Story« und beschreibt in diesem Interview: »Marianne Rosenberg gibt es gar nicht. Das Bild setzt sich aus vielen Puzzleteilen zusammen. Ich kann diese Rolle spielen, aber niemand ist Marianne Rosenberg, selbst ich nicht.«

Aha! Das erklärte vieles!

Heute ist sie Ende sechzig, »Kult«, seit über fünfzig Jahren im Business. Das muss man erst mal bringen! Sie streicht sich wie gewohnt die Haare aus dem Gesicht und macht wieder Schlager. Oder wie sie es nennt: »deutsche Popmusik«. Wenn ich sie zufällig in einer Sendung sehe, macht sie einen ausgeglichenen Eindruck und freut sich über ihren Erfolg und ihre Fans. So scheint es zumindest.

Ich habe so viele Celebrities getroffen und bin mit einigen über Jahre befreundet. Ganz entspannt.

Warum ging das mit Marianne Rosenberg also nach hinten los?

Ganz einfach: Wir standen nie auf einer Stufe. Ich war ein Fan und hatte keine Ahnung, wer diese Frau mit der schönen Stimme und dem Lächeln wirklich war. Damals verfügte ich noch nicht über ausreichend Lebenserfahrung und glaubte dem offiziellen Bild. Einerseits. Andererseits fühlte ich eine emotionale Verbundenheit mit ihr, und ihre Musik war für mich ein »Happy Place«. Zu alledem bekam ich den Mund nicht auf, als sie dann auf einmal vor mir stand! Ich machte den Fehler und projizierte Gefühle und Erwartungen auf diesen Menschen, den ich nicht persönlich kannte.

Und das konnten »Marianne Rosenberg« und der Mensch dahinter natürlich nicht erfüllen. Wie auch!

Dennoch: Einen Fan im Regen stehen oder, besser gesagt, im Schnee sitzen zu lassen? Sie wird ihre Gründe gehabt haben.

Ich glaubte zu verstehen, warum sie so war, wie sie war, konnte es aber nicht in Worte fassen. Die Antwort kennt nur Frau Rosenberg, also genug der Analyse eines Menschen, den ich nicht näher kennengelernt habe.

Leider starb im Jahre 2000 auch mein Teenieherz, das für diese Künstlerin schlug.

»There is no business like show business!« Es basiert auf Schall und Rauch, PR und Vermarktung, Glamour, Ideen und Projektionen. Und auf Geld!

Oder wie ein Freund lakonisch anmerkte: »It's a shitshow!«

Also aufpassen, wenn man »Fan« ist. Genießt eure Stars, sie sind Geschenke, aber erwartet nichts, denn wer weiß, was hinter ihrer Fassade steckt.

Oder um es mit den Worten von Marianne Rosenberg zu sagen: »Alles Kokolores«.

DER AUTOR

Michael Reh zog nach seinem Studium der Medien- und Sprachwissenschaften in Hamburg und Paris nach New York und begann Ende der neunziger Jahre eine Karriere als Fotograf. Er veröffentlichte bisher ca. 2500 Titel internationaler Magazine. Zu seinen Kunden zählen Armani, Douglas, Lambertz oder Madonna. Er veröffentlichte bereits mehrere Fotobücher („Sunkissed", „Keine Zeit für Eitelkeit", „Men in Motion"), bevor er im März 2020 sein Romandebüt, den Bestseller „Katharsis" veröffentlichte, in dem er den sexuellen Missbrauch einer Familienangehörigen an sich selbst thematisiert. Seidem ist er Aktivist im Kampf gegen sexuellen Missbrauch an Kindern.

Nach „Katharsis" erschienen zwei Kriminalromane, „ASTA" (2021) Und „KONRAD" (2022), sowie der Ratgeber „DIE 9 GEBOTE, wie man sexuellen Missbrauch überlebt." (2023)

In seinem neuen Buch „Das wüssten Sie wohl gerne." erzählt Michael Reh amüsante, nachdenkliche und zutiefst menschliche Begegnungen aus seinem privaten und beruflichen Leben.

Michael Reh lebt in Miami und der Welt. Er arbeitet an einem neuen Roman, wenn er nicht am Set ist und fotografiert.

Mehr Infos auf www.michaelreh-autor.de. www.michaelreh.com

Michael Reh

DIE NEUN GEBOTE

WIE MAN SEXUELLEN MISSBRAUCH ÜBERLEBT

CHARLES VERLAG

Paperback
140 Seiten
Preis 16,00 EUR
ISBN 978-3-948486-96-9

Ebook epub
ISBN 978-3-948486-98-3
Preis 8,99 EUR

Du kannst nicht ändern, was passiert ist, aber du kannst ändern, wie du damit umgehst. Du darfst neue Wege gehen!

Was macht sexuelle Gewalt mit einem Menschen und seinem Umfeld? Diese Frage beantwortet Michael Reh, selbst Überlebender von jahrelangem sexuellem Missbrauch, in seinen neun Geboten.

Der renommierte Fotograf und Autor beschreibt, wie Traumata entstehen, welche Prozesse den Betroffenen dabei helfen zu verdrängen, zu verarbeiten und zu überleben, sowie was Angehörige und Freunde tun können und welche Möglichkeiten ihnen selbst zur Verfügung stehen, um zu lernen, mit diesem letzten gesellschaftlichen Tabu umzugehen.

In diesem persönlichen Leitfaden analysiert Reh nicht nur die komplexen psychologischen und gesellschaftliche Strukturen, die sexuellen Missbrauch ermöglichen, sondern lässt den Leser an seinen eigenen Erfahrungen teilhaben und zeigt Wege auf, die aus der Isolation, Scham und Schande herausführen können.

Offen, schonungslos, heilend, die wahre Katharsis.

Michael Reh

KATHARSIS

DRAMA EINER FAMILIE

acabus

Paperback
400 Seiten
Preis 15,00 EUR
ISBN 978-3-86282-745-9
Ebook epub
ISBN 978-3-86282-747-3
Preis 8,99 EUR

Max führt ein exzessives, schillerndes Leben als erfolgreicher Fotograf in New York – bis er einen Anruf von seiner Schwester erhält. Sein Zwillingsbruder Nikolas hat einen Doppelmord innerhalb der Familie begangen. Die Suche nach dem Motiv führt Max zurück in sein Heimatdorf im Ruhrgebiet. Dort trifft er nicht nur auf seine entfremdete Familie, sondern auch auf eine unsagbare Vergangenheit. Die Wahrheit, die jahrzehntelang verschwiegen wurde, bringt Max nun ans Licht: Kleine Jungen wurden von erwachsenen Frauen missbraucht. Und dort endet das Geflecht aus Geheimnissen und verdrängten Traumata noch lange nicht.

Ein intimer und schonungsloser Blick auf Familien- und Missbrauchsstrukturen.

Der international bekannte Werbe- und Modefotograf Michael Reh, unter anderem durch seine Arbeit für Prominente, Lambertz , GNTM, Armani sowie seine Ausstellung „Traffic" bekannt, verarbeitet in diesem auf autobiografischen Elementen basierenden Roman seine persönlichen Erlebnisse.